ANDREA LOMBARDI

KAMPFGRUPPE
SCHERER

La battaglia della sacca di Cholm, gennaio - maggio 1942

ISBN: 978-88-9327-1079 2ª Edizione: Maggio 2024
Titolo: Kampfgruppe Scherer (ISE-077)
Pubblicato da LUCA CRISTINI EDITORE. Cover & Art design: L. S. Cristini - Prima edizione a cura di ASSOCIAZIONE ITALIA STORICA - Genova 05-2019
Edizione italiana a cura di Andrea Lombardi Traduzione a cura del Wehrmacht Research Group

Credito per le mappe a pagina 12: Memnon335bc (CC BY-SA 3.0).

La sacca di Cholm
Inverno 1941-1942

Nel settore settentrionale delle truppe tedesche del fronte orientale [...] si è preso contatto con degli uomini circondati in una posizione strategicamente importante. La guarnigione, sotto il comando del *Generalmajor* Scherer, stava combattendo una battaglia dal 21 gennaio 1942 [...]

Bollettino dell'OKW, 6 maggio 1942

Nella notte del 6 ottobre 1941 le prime nevicate caddero sui soldati tedeschi impegnati nell'offensiva mirata a catturare Mosca. Il fatto che questa neve si fosse presto sciolta e trasformata in viscido fango non poteva nascondere che il periodo meteorologico adatto alle operazioni rimasto fosse ora ridotto a solo alcune settimane. Per il 2 dicembre l'offensiva tedesca si fermò, e quasi immediatamente le forze sovietiche passarono alla controffensiva.

Quattro Armate sovietiche colpirono per prime la *3.* e *4. Panzer-Armee* respingendole indietro. Quindi, lungo il resto del gelato fronte orientale, anche altri importanti raggruppamenti tedeschi furono costretti a ritirarsi, mentre i loro soldati scarsamente equipaggiati e vestiti in modo inadeguato per l'inverno russo combattevano un nemico incredibilmente forte che era determinato a respingerli dalle porte di Mosca.

Questi ripiegamenti si trasformarono in una ritirata e minacciarono quindi di degenerare in una rotta, mentre le perdite aumentavano enormemente[1]. Analizzando ciò a livello di reparto, la *6. Panzer-Division*, per esempio, aveva perso in questi combattimenti tutti i suoi mezzi corazzati, disponeva solo del 10% della sua forza di artiglieria e aveva perso la maggior parte dei suoi veicoli ruotati.

Consapevole della debolezza delle sue prime linee a est, Hitler ordinò alle sue truppe di formare dei "ricci difensivi" attorno a città e aree strategiche, progettando di usarle per rallentare e poi fermare la spinta sovietica. Lo schema a scacchiera di questi capisaldi fece perdere impeto alla spinta russa, ma nel gennaio del 1942 questa riprese di nuovo. Le 135 Divisioni tedesche raggruppate in dodici Armate furono di nuovo sotto la pressione delle 328 Divisioni sovietiche ammassate in quarantadue Armate. Le avanzate in profondità sovietiche formarono salienti nella linea tedesca, conquistarono teste di ponte e intrappolarono le truppe tedesche in delle sacche tagliate fuori dalle loro linee.

Uno delle sacche più grandi tra queste era quella che conteneva quasi 100.000 uomini e 20.000 cavalli del *II.* e *X. Armee-Korps* nella zona di Demjansk, ma qui non ci occuperemo di questo

---

Il presente testo del veterano del *British Army* e storico militare James Lucas (1923-2002), tratto dal suo *War on the Eastern Front. The German Soldier in Russia, 1941-1945*, London 1991, è stato riveduto e corretto grazie al documentato testo di Jason D. Mark, *Besieged. The Epic Battle for Cholm*, Sydney 2011, specie per quanto attiene alla forza in armi del *Kampfgruppe Scherer*. Tutte le note nel presente libro sono del curatore.

[1] Dal 22 giugno 1941 alla fine del 1941, quasi un milione di soldati della *Wehrmacht* e delle nazioni alleate della Germania erano stati uccisi o gravemente feriti nel corso della campagna di Russia. Fino ad allora, la parte sovietica aveva subito perdite di quasi tre milioni di caduti e circa tre milioni di prigionieri di guerra.

grande accerchiamento[2]. La descrizione che qui daremo è di un accerchiamento più piccolo; di un presidio di meno di 4.000 uomini che, quasi senza artiglieria e con poche armi pesanti, e senza nessun mezzo corazzato, dimostrò tuttavia i principi e le caratteristiche richiesti per la difesa efficace di una sacca.

La cittadina di Cholm si trova alla confluenza dei fiumi Lovat e Kunja in una zona di paludi e marcite a sud del lago Ilmen. Cholm e l'area circostante erano l'unico terreno solido tra Velikie Luki e Demyansk. Quindi costituiva un ponte di terra, e questa considerazione militarmente importante era sottolineata dal fatto che la città di 12.000 abitanti era situata a un incrocio in cui si incontravano le importanti strade nord-sud ed est-ovest. Pertanto, il possesso di Cholm era essenziale sia per i tedeschi che per i sovietici per il successo dei loro futuri piani di battaglia. Fu questa coazione a possedere il trampolino di lancio di Cholm che produsse le battaglie che imperversarono durante l'inverno del 1941-1942 attorno a questa città finora insignificante.

A seguito dell'offensiva sovietica, per il 13 gennaio la 3ª Armata d'assalto sovietica (cinque Divisioni fucilieri, cinque Brigate fucilieri, una Brigata corazzata e una Brigata sciatori), facente parte del Fronte di Kalinin, aveva infranto parte dell'ala meridionale dell'*Heeresgruppe Nord* (Gruppo d'Armate Nord), aveva attraversato l'altopiano del Valdai e aveva raggiunto le rive del fiume Lovat. Sotto la pressione della loro avanzata, il grosso del *XXXIX. Armee-Korps* comandato dal Generale Hans-Joachim von Arnim fu costretto a ritirarsi; la stessa Cholm, presidiata da 3.500 uomini di disparate unità[3], fu rapidamente circondata e tagliata fuori dalla massa del *XXXIX. Armee-Korps* che prese posizione a sud-ovest della città.

Il Corpo montò contrattacchi locali nel tentativo di far passare dei corazzati per rafforzare la difesa, ma i mezzi non potevano avanzare lungo le strade ghiacciate e fortemente innevate. Solo la fanteria poteva muoversi, guadando attraverso i profondi cumuli di neve per unirsi al piccolo presidio che aveva incontrato, parato e cacciato da Cholm i primi attacchi lanciati da truppe sciatrici dell'Armata d'assalto sovietica avanzante.

Il comandante del Corpo era determinato a fare tutto il possibile per sostenere le truppe a Cholm e organizzò convogli per inviare razioni, indumenti, foraggio per gli animali e grandi quantità di munizioni. Il primo raggiunse la sua destinazione, ma nel giro di poche ore truppe sciatrici russe avevano superato la città e tagliato la strada. I convogli furono quindi fermati. Niente poteva raggiungere più Cholm su strada. Questa situazione prevalse per i successivi 105 giorni, e gli unici collegamenti con il mondo esterno erano furono le comunicazioni radio in morse e l'aviotrasporto di armi e munizioni.

Il compito principale del *Generalmajor* Theodor Scherer, il comandante della fortezza, era di impedire ai sovietici di conquistare la città. Quando il finora comandante della *281. Sicherungs-Division* contemplò le forze a sua disposizione, ne fu profondamente sgomentato, poiché esse erano costituite da elementi della *123. Infanterie-Division* e della *218. Infanterie-Division* e di altri due Reggimenti di fanteria, di uomini del *Reserve-Polizei-Bataillon 65*[4], di personale tecnico della *Luftwaffe* e alcuni autisti di un distaccamento della *Kriegsmarine*[5].

Tra questa accozzaglia di varie unità c'erano anche degli artiglieri senza pezzi d'artiglieria; ma tra di essi vi erano alcuni ufficiali d'artiglieria che avrebbe reso dei servizi inestimabili durante i

---

[2] Il *II. Armeekorps* e parte del *X. Armeekorps* accerchiati comprendevano le *12., 30., 32., 223.* e *290. Infanterie-Division* e la *3. SS "Totenkopf"-Division* e unità alle dirette dipendenze d'Armata e paramilitari (*RAD, Polizei, Todt*, etc) per un totale iniziale di circa 90.000 soldati e 10.000 ausiliari.
[3] Vedi ordine di battaglia dettagliato in appendice.
[4] Questo reparto, accusato di crimini di guerra commessi in Russia e Jugoslavia, fu poi anche designato *Polizei-Bataillon "Cholm"* per la sua partecipazione alla battaglia della sacca.
[5] Il totale a inizio dell'accerchiamento il 18 gennaio 1942 era di 66 Ufficiali, 468 Sottufficiali e 2.624 soldati, per un totale di 3.158 uomini. Al 22 gennaio il totale era cresciuto a 4.500 uomini, che va considerato come la forza massima presente nella sacca. I rimpiazzi aviotrasportati in seguito non compensarono mai infatti le perdite subite.

prossimi mesi dell'assedio. Con la forza della sua personalità Scherer fu in grado di saldare insieme questi resti di unità, e di convertirli in un tutto omogeneo determinato a resistere fino a quando non fosse rilevato.

Essendo stata isolata così rapidamente dalle linee tedesche, e così completamente isolata e priva di un collegamento stradale, l'unica soluzione era che la sacca fosse rifornita per via aerea. La guarnigione sfruttò una corta pista di atterraggio, adiacente all'area di due chilometri in cui era stata compressa, sulla quale era previsto che atterrassero gli aerei da trasporto *Junkers Ju 52* con i rifornimenti decollando poi evacuando i feriti dalla sacca. Sotto il fuoco nemico e rullando tra gli scossoni lungo una pista così primitiva, non sorprende che il tasso di perdite fu così alto (venticinque *Ju 52* persi durante il periodo dell'assedio) che dovette essere introdotto l'impiego degli alianti. Ottanta *Gotha Go 242* furono impiegati in voli di sola andata. Furono usate anche gli aviolanci da parte di *Heinkel He 111* di contenitori paracadutati, ma il far atterrare con precisione i rifornimenti entro su un perimetro così piccolo – un perimetro che si restrinse poi fino a un solo chilometro quadrato – si rivelò molto difficile.

La situazione di Scherer era deprimente. Tagliato fuori e circondato da tre Divisioni fucilieri sovietiche appoggiate da carri armati, senza alcuna salda linea di rifornimento, con una carenza di fanteria addestrata, privo di artiglieria campale, con pochi cannoni controcarro e senza corazzati, gli era richiesto di tenere di un'area strategicamente vitale con una forza che contava solo poche migliaia di uomini, e i suoi ordini erano di resistere fino alla fine o fino a quando non fossero rilevati. La prospettiva era tetra.

Parlando più tardi del tempo trascorso nella sacca, il Generale Scherer ricordò che i primi pesanti attacchi arrivarono durante il 23 gennaio portando a gravi crisi, mentre gli assalti dei carri armati sovietici incidevano le difese; prima a ovest, poi a est, successivamente da sud e, infine, da nord.

I carri armati sovietici hanno fatto a pezzi tutto. Hanno distrutto tutto. I miei uomini non avevano tregua, niente riposo; non potevano nemmeno riscaldarsi. L'artiglieria nemica ha distrutto le ultime case rimaste in cui i miei uomini erano al riparo, ma hanno resistito e combattuto, difendendosi come i leoni.

In uno dei settori sguarniti di cannoni controcarro c'era ben poco che i difensori potessero sperare di fare contro i corazzati russi, ma due barricate furono erette dall'altra parte della strada e sotto la seconda di esse fu posta una carica esplosiva. Freddamente un fante osservò l'avvicinarsi dei carri armati e quando questi iniziarono a spingere via la fragile barriera accese una miccia, il fuoco corse lungo il cavo e con una assordante detonazione uno dei carri armati fu distrutto. Gli altri mezzi corazzati tornarono indietro; per il momento il pericolo era stato evitato.

Durante quel giorno ci fu una gradita aggiunta alla forza del presidio quando un distaccamento di *Gebirgsjäger* dello *Jagdkommando 8*[6] e di soldati del *Maschinengewehr-Bataillon 10*[7], si fece strada attraverso i sovietici che circondavano il perimetro. Questo accrescimento di forza fu la spinta morale di cui la guarnigione aveva bisogno, e il giorno seguente un contrattacco spinse le truppe sovietiche fuori dalla parte nord-occidentale della città in cui erano penetrate. Un *Leutnant* descrisse così le posizioni che teneva la guarnigione di Scherer:

Posizioni – Quali posizioni? Il terreno era ghiacciato e la neve era profonda. In breve tempo la città stessa fu un mucchio di rovine. All'interno di queste rovine o nelle cantine che ancora rimanevano furono acquartierati i soldati di Scherer. In queste condizioni primitive era quasi impossibile per loro riscaldarsi quando

---

[6] Reparto formato da personale dell'*Ersatzheer* il 22 dicembre 1941 nel *Wehrkreis XVIII* (distretto militare di Salisburgo) su due Compagnie e una Compagnia *MG* per l'*Heeresgruppe Nord* per la lotta antipartigiana. Dato il *Wehrkreis* di provenienza, non stupisce che molti dei suoi membri fossero *Gebirgsjäger*.
[7] Battaglione mitraglieri, dotati di mitragliatrici pesanti *sMG 34* su treppiedi dotato di ottica di puntamento e di mortai da 8 cm.

erano avvicendati dal servizio di sentinella o tornavano dopo lunghe ore di combattimento. Delle semplici stufe erano prodotte da bidoni del latte e fusti di benzina. Cariche esplosive scavarono buchi nella terra ghiacciata per creare le prime posizioni difensive all'interno delle quali erano posizionate le mitragliatrici. Il *Kampfgruppe Scherer* non solo combatté il nemico ma anche l'inverno russo con il suo freddo inimmaginabile. Senza un alloggio adeguato, senza difese preparate, accovacciati nei buchi e dietro i muri di neve quegli uomini intrapresero la battaglia di Cholm.

Dietro questi parapetti di neve e ghiaccio, giorno e notte, il piccolo presidio resistette agli attacchi dei corazzati e della fanteria sovietica. Come al solito, gli assalti russi arrivarono puntualmente e secondo un programma orario precisamente rispettato. Questa rigidità era un difetto che consentiva al Generale Scherer di spostare i suoi uomini da un settore minacciato a un altro, sicuro del fatto che l'area da cui erano stati prelevati sarebbe stata attaccata solo quando sarebbe stato di nuovo il suo turno.

L'area in cui le truppe furono confinate era così piccola che una certa parte delle munizioni, del cibo e delle provviste aviolanciate caddero nelle aree sovietiche o nella terra di nessuno. In quest'ultimo caso venivano fatti dei tentativi di salvataggio. Da punti d'osservazione all'interno del perimetro, occhi scrutavano che i sovietici non portassero via i contenitori con il loro prezioso carico, e durante le ore di oscurità piccoli *commando* di uomini si muovevano nel terreno davanti alle loro trincee per recuperare i contenitori metallici. Le quantità paracadutate, in particolare di cibo, non erano mai sufficienti e il *Kampfgruppe* fu a razioni ridotte dal primo giorno di accerchiamento.

I comandanti all'interno e al di fuori della sacca non erano stati inattivi, ed era stata pianificata un'operazione di soccorso. Da parte sua, la guarnigione formò due gruppi d'assalto in forza di Compagnia e li schierò sul lato occidentale della città, pronti ad avanzare verso ovest per prendere contatto con le forze di soccorso. Per preparare un punto di partenza per questi due gruppi, per prima cosa una pattuglia di combattimento dei *Gebirgsjäger* attaccò i sovietici e li scacciò da una quota vitale. È da quella collina che i due gruppi d'assalto avrebbero dovuto attaccare verso ovest in direzione delle colonne di soccorso, ma prima bisognava costituire il punto di partenza.

Questo non era un compito facile, perché il tempo era peggiorato. Bufere di neve lunghe ore, freddo pungente e venti sferzanti che piantava frammenti di ghiaccio gelido nei volti scoperti dei soldati rendevano questo compito sovrumano. Ogni munizione, ogni arma doveva essere trasportata a mano attraverso la neve alta alla vita, e quindi le posizioni difensive dovevano essere scavate nella neve e rinforzate con blocchi di ghiaccio.

Queste condizioni meteo spaventose avevano influenzato anche gli sforzi della colonna di soccorso, a solo una ventina di chilometri di distanza. La neve, le tormente e le strade ghiacciate bloccarono tutti i movimenti, tranne le slitte trainate dai piccoli cavalli russi (*Panje*), abituati al freddo intenso. La fanteria della colonna di soccorso avanzava combattendo contro un nemico implacabile che stava crescendo di forza ogni giorno che passava. Un attacco eliminò gli sbarramenti sovietici dalla strada di Cholm, ma il tentativo di impadronirsi della strategica quota 72.7 fallì. Il freddo aveva ormai raggiunto i quaranta gradi sotto zero, e i venti avevano una potenza sufficiente per abbattere un uomo. I fanti tedeschi si fecero sotto ripetutamente per catturare l'altura, guadando attraverso una neve così profonda che dovettero tenere i loro fucili e le mitragliatrici sopra le loro teste per evitare che gli otturatori venissero riempiti dalla neve e quindi si congelassero, bloccandosi. Ogni attacco fallì. L'ultimo raggiunse un altopiano, un'area di terreno pianeggiante e aperto lungo 300 metri, attraverso la quale i fanti tedeschi dovevano passare per raggiungere la cresta. Ogni tentativo fatto fu respinto; rinnovato, fu respinto di nuovo. Quindi le truppe sovietiche contrattaccarono guadando lentamente attraverso la neve e furono a loro volta schiacciate. Per ore la battaglia imperversò avanti e indietro senza risultato, fino a quando i russi non impegnarono le loro ultime riserve e questo riuscì finalmente a respingere la fanteria tedesca.

Nonostante il fallimento dell'operazione, per i tedeschi ci fu però un vantaggio inaspettato. Gli sforzi che la colonna di rilievo aveva fatto per la sua avanzata avevano creato un saliente nelle linee russe, e lì fu ammassata l'artiglieria campale della *218. Infanterie-Division*. Il fuoco di questi pezzi d'artiglieria aveva ora la gittata sufficiente a sostenere il presidio assediato.

Con il fallimento del tentativo di sfondamento delle forze di soccorso, al gruppo d'assalto di Cholm in attesa nelle sue posizioni di partenza fu ordinata la sospensione dell'attacco, ma la posizione stessa fu mantenuta nonostante le condizioni più spaventose. Il peggioramento del meteo era stato così grave che il tragitto dalle ultime case della città alle posizioni esposte sull'altura consumava gran parte della notte, e i portatori di rifornimenti e munizioni arrivarono alle trincee dell'avamposto in uno stato di completo sfinimento. Il fuoco di artiglieria sovietico e i cecchini siberiani causavano perdite che costituivano un ulteriore svantaggio, riducendo la forza della prima linea. Le scorte di unguenti contro il congelamento iniziarono a esaurirsi, e sempre più casi di congelamento e malattia sottraevano uomini dal fronte. Malattie e perdite fecero sì che non ci fossero più truppe sufficienti per tenere un perimetro esteso, e si dovesse ripiegare su un perimetro più corto che la prima linea originale. In alcuni punti la linea di combattimento correva lungo la principale strada est-ovest della città di Cholm.

Notte dopo notte la fanteria sovietica attaccò a intervalli regolari e precisi ma senza successo. Poi venne una pausa nei loro assalti. Quindi, attraverso l'aria notturna, si udì chiaramente il suono dei motori dei camion. I sovietici stavano accumulando le loro forze e equipaggiandosi per una nuova offensiva. Questa si aprì con uno sbarramento di proiettili di una Batteria di obici da 172 mm, sotto il quale schiacciante bombardamento i comandanti sovietici si aspettavano di distruggere gli ostinati tedeschi che ostacolavano l'avanzata. Quando lo sbarramento fallì nell'aprire la strada alle fanterie russe attaccanti, un bombardamento più lungo e più concentrato da parte dell'artiglieria media sovietica iniziò a distruggere sistematicamente le case in cui si trovava il presidio. Per due giorni e due notti lo sbarramento continuò, e poi dietro di esso arrivarono i corazzati russi, avanzando contro uomini senza armi controcarro adeguate. I fuciloni controcarro tedeschi erano inefficaci contro la spessa corazzatura dai carri armati sovietici ed era, ancora una volta, sulla fanteria pesantemente incalzata che ricadde il compito di combattere i *T-34* in combattimento ravvicinato.

Mezzo seppellito tra le macerie di una cantina, alcuni soldati trovarono un cannone controcarro *PAK* da 3.7 cm – pezzo ormai soprannominato "batacchio da porta" a causa della sua incapacità di distruggere i carri armati medi e pesanti nemici, limitandosi solo a "battere" con i suoi colpi sulla loro corazza. Questo fu ripulito e portato in linea per impegnare i mezzi sovietici. L'arma era priva dell'ottica di puntamento ma, usandola a distanza ravvicinata e traguardando il bersaglio attraverso la culatta aperta, i cannonieri tedeschi aprirono il fuoco e con quattro colpi immobilizzarono e distrussero prima un *T-34* e poi un secondo. Un terzo carro armato russo prese sotto il suo fuoco il solitario *PAK*, ma venne respinto dal persistente tiro del 3.7 cm. Questo singolo *PAK* riuscì anche altre volte a fermare i carri armati sovietici che si lanciavano verso la città.

Il contatto tra le Batterie tedesche nella prima linea del fronte tedesco e gli osservatori avanzati della guarnigione della sacca permise quindi all'artiglieria di dirigere il fuoco non solo sulle posizioni di artiglieria russe e sulle postazioni delle truppe, ma di continuare a posare delle cortine di sbarramenti difensivi attorno ai caposaldi tedeschi. Tale era il grado di collaborazione che gli obici d'artiglieria servivano da cannoni controcarro a lungo raggio, in alcune occasioni inquadrando con precise salve i singoli carri armati di un'ondata di assalto, contrastandone l'avanzata e in alcuni casi danneggiandoli o persino distruggendoli.

La forza degli attacchi sovietici iniziò quindi a diminuire e diventare meno persistente, permettendo alla guarnigione di formare delle Compagnie d'allarme il cui compito era quello di effettuare contrattacchi immediati nel caso in cui un attacco sovietico ottenesse un appiglio in una data parte della città. Nonostante il lungo tempo trascorso nell'assedio, i comandanti sovietici non avevano ancora imparato ad essere flessibili, e la rigida testardaggine dei loro assalti consentiva ancora ai tedeschi, combattendo una battaglia su linee interne, di passare rapidamente le truppe da un punto minacciato all'altro.

Man mano che i giorni dell'accerchiamento si allungavano in settimane, il presidio iniziò a stabilire una routine. Il diario di guerra del *Kampfgruppe* veniva redatto quotidianamente e inviato in morse al quartier generale del Corpo. Le cantine erano state rafforzate, migliorate e rese a prova del clima gelido e delle incessanti tempeste di neve. Al di fuori del perimetro, le forze tedesche erano ora in grado di inviare un maggiore supporto.

In un'occasione, mentre gli *Stuka* bombardavano le concentrazioni di fanteria e corazzati sovietiche, disperdendole o costringendole a ripararsi, tre *Ju 52* sbarcarono e scaricarono tre cannoni controcarro, un mortaio e delle scorte mediche urgentemente necessarie. Il presidio era ancora inferiore in armi ai russi, ma almeno ora poteva contare su diversi *PAK* [8].

Nell'angolo di una cantina furono state trovate sei mine anticarro, non molto in condizioni normali, ma che valevano il loro peso in oro per gli uomini a corto di armi controcarro. Le armi russe catturate durante i loro assalti respinti, trovate nelle macerie o danneggiate e abbandonate, erano recuperate da speciali squadre tedesche, riparate e rimesse in uso contro i loro ex proprietari. Verso la fine dell'accerchiamento fu persino riparato e usato un carro armato leggero *T-60* sovietico. Fu messo in campo di tutto. Da parte loro i sovietici infiltrarono dei cecchini fino al limite delle posizioni tedesche. Mimetizzati, spesso completamente sepolti nella neve, aspettavano pazientemente di colpire il nemico. La guarnigione nascondeva le sue trincee e le sue vie di comunicazione all'osservazione grazie all'uso estensivo della tela bianca dei paracadute di rifornimento. Giorni e notti si susseguivano, a volte con lunghi periodi di silenzio ghiacciato in cui ogni suono, pur minuto, arrivava all'orecchio, e altre volte esplodendo in un rumore sconvolgente quando la terra rabbrividiva nelle onde d'urto di ore e ore di fuoco di sbarramento e di bombardamenti di proporzioni selvagge. Razzi illuminanti scoprivano nella loro dura luce bianca un attacco di fanteria sovietica che si muoveva verso la città e allora le truppe nel settore minacciato, allertate e istantaneamente operative, avrebbero presidiato la linea di trincee ghiacciate sparando contro le masse che si caricavano verso di loro.

I disertori dell'Armata Rossa riferirono che per il 23 febbraio, il "Giorno dell'Armata Rossa", si stava preparando un grosso assalto, e quel giorno infatti un'intera Divisione fucilieri sovietica avanzò all'attacco dietro un'ondata di carri armati. Solo i corazzati raggiunsero la periferia della città; le ondate di fanteria furono respinte con pesanti perdite. La fanteria sovietica si raggruppò e si ripresentò in avanti, solo per essere schiacciata una seconda volta nel fuoco delle mitragliatrici tedesche. Ancora e ancora i russi insistettero, e alla fine si fecero strada penetrando nella periferia est della cittadina. Le truppe irrompenti, e che avevano perso la loro coesione d'unità, furono raggruppate frettolosamente per sfruttare la situazione, e poi la massa di fanteria rossa si avviò avanti, spalla a spalla, tentando di schiacciare i difensori. I difensori abbatterono la fanteria russa che avanzava, ma furono costretti a ritirarsi sotto la grande pressione nemica. Immediatamente,

---

[8] Il *Kampfgruppe Scherer*, poco armato di armi controcarro e da accompagnamento all'inizio dell'assedio, dopo una serie di riusciti aviotrasporti arrivò a schierare un discreto numero di queste armi. Al 13 marzo esse comprendevano: quattro pezzi controcarro *5cm PAK 38*, quattro *3.7 cm PAK 35/36* dotati di *Stielgranate 41* a carica cava, tre cannoni da fanteria *7.5cm lIG 18*, 15 mortai medi *8cm Granatwerfer 34*, 12 mortai leggeri *5cm leichter Granatwerfer 36*, un lanciafiamme e 30 mitragliatrici pesanti, senza contare quelle leggere. Furono poi forniti alla sacca anche dei lanciabombe *20cm Ladungswerfer* e un lanciarazzi *28/32 cm schwere Wurfgerät 40*, oltre che almeno altri sette *PAK 38* e un *PAK 35/36*, quattro nuovissimi *4.2/2.8cm PAK 41* a canna conica e tre *4.5 cm PAK (r)*, per un totale di circa 24 pezzi *PAK* in arsenale, forniti o rimpiazzati nel corso dell'assedio, al cui termine ne erano disponibili operativi ancora undici: tre *PAK 38*, tre *4.5 cm PAK (r)*, tre *PAK 41* e due *PAK 35/36*, quasi tutti schierati nel settore est, Jason D. Mark, op. cit, pagg. 489-490.

le Compagnie d'allarme furono portate avanti e si misero in azione per arginare e respingere le incursioni russe.

Per quell'intera giornata e per i due giorni e le notti seguenti i russi si lanciarono in diciotto diversi attacchi, con o senza supporto di carri armati, coperti da bombardamenti selvaggi di artiglieria o dall'aeronautica sovietica che percorreva il perimetro tedesco. Questa attività riportò la *Luftwaffe* nella battaglia e, sotto la copertura dei caccia *Messerschmitt* e *Focke-Wulf*, gli *Stuka* bombardarono in picchiata le colonne di trasporto sovietiche, i carri armati e le concentrazioni di fanteria. Mentre questa battaglia infuriava, arrivarono altri aerei da trasporto *Ju 52*, scaricando dei rinforzi di fanteria e evacuando alcuni dei molti feriti della sacca. A coloro che non potevano essere evacuati venivano dati i pochi lussi che venivano portati: un po' di cognac, alcune sigarette, qualche dolce. Era

poco, e non poteva compensare il dover rimanere indietro a Cholm, ma ormai c'era un certo orgoglio nel trovarsi lì, anche se la situazione di coloro che ancora occupavano le posizioni sgretolantisi era grave. Le divise si logoravano attraverso l'uso continuo, e nessun ricambio veniva ricevuto. In ogni caso non era stato assegnato un abbigliamento invernale adeguato, e la temperatura a volte toccava quarantadue gradi sotto lo zero. Così tanti uomini erano stati feriti o si erano congelati che ogni soldato disponibile era in linea, e i turni di sentinella erano sempre più lunghi. Poi venne il tifo.

Ora si trattava di rifiutare di arrendersi, perché altrimenti i sacrifici dei nostri camerati morti sarebbero stati vani. Non potevamo deluderli.

Altri tentativi russi di avvicinarsi alla prima linea tedesca consistettero nello scavare dei tunnel nella neve attraverso i quali piccoli gruppi d'assalto strisciavano, per emergere poi quasi in cima ai difensori e per cercare di distruggerli con cariche esplosive. Questi assalti furono respinti con gravi perdite. Intorno al perimetro difensivo tedesco giacevano migliaia e migliaia di morti russi insepolti; i più recentemente uccisi spiccavano scuri contro la neve, e altri apparivano semplicemente come tumuli coperti di neve.

Altre truppe sovietiche furono schierate dalla *STAVKA*, il Comando Supremo sovietico e, consapevoli che si stava avvicinando un altro momento cruciale, i tedeschi formarono sul lato orientale della città un bastione di veicoli distrutti e danneggiati. Pattuglie e cecchini russi si infiltrarono in questa specie di cinta muraria e innumerevoli scontri individuali furono combattuti tra i fanti tedeschi contrattaccanti con bombe a mano, pistole mitragliatrici e attrezzi di scavo contro i duri soldati dell'Armata Rossa. Lo scopo di questi costanti attacchi era di forzare la linea tedesca e di ottenere la sponda orientale più alta del fiume Lovat. Così i sovietici avrebbero dominato il terreno occidentale, più basso. Gli attacchi sovietici arrivarono e furono respinti, ma ognuno di questi guadagnò qualche metro, finché un ennesimo, furioso assalto portò la fanteria sovietica a meno di cento metri dalla sponda orientale. Le Compagnie d'allarme furono allertate e entrarono di nuovo in azione, respingendo in combattimento ravvicinato il nemico dalle posizioni avanzate che aveva raggiunto. Ci furono aspri combattimenti nell'ex quartier generale e prigione della *GPU* (la polizia segreta sovietica), un grande edificio in mattoni, con combattimenti da una stanza all'altra. Secondo il Generale Scherer, nell'edificio in poche ore furono usate più di 900 bombe a mano.

Sotto la continua pressione sovietica il perimetro si restrinse fino a quando la zona di lancio della *Luftwaffe* non fu più grande di 200 per 500 metri, e della consegna giornaliera di 200 contenitori aviolanciabili, una proporzione crescente andò persa in mano nemica o cadde nella terra di nessuno. Tuttavia, la situazione dei rifornimenti migliorò, anche se scarseggiava la biada per i cavalli, necessari per trainare i pochi pezzi *PAK* e cannoni da fanteria. La più grande privazione per i soldati fu che, per tutta la durata dell'assedio, non fu ricevuta alcuna posta; un duro colpo al morale, questo, anche se a Pasqua furono fatte cadere delle uova per far sapere alla guarnigione che non era stata dimenticata.

I giorni iniziarono ad allungarsi, l'inverno stava passando, l'aria stava diventando più calda e il disgelo stava iniziando. Una combinazione di calore dell'aria e terra fredda produsse nebbie fitte in cui le pattuglie di combattimento di entrambe le parti facevano contatto, si scontravano e svanivano di nuovo. La pressione sovietica iniziò nuovamente ad aumentare con l'avvicinarsi delle operazioni militari di primavera e la *STAVKA*, che aveva bisogno di Cholm come trampolino di lancio, ordinò la sua presa.

Il disgelo portava con sé non solo la promessa di calore, ma anche un certo disagio e pericolo per la guarnigione. L'acqua della neve che si scioglieva si riversava nelle cantine e nei rifugi sotterranei, spingendo gli occupanti all'aperto dove erano vulnerabili al fuoco delle granate. Le pareti di ghiaccio che avevano funzionato per così tante settimane come trincee e parapetti iniziarono a sciogliersi, esponendo i difensori al fuoco russo.

A marzo le colonne di soccorso del Corpo iniziarono ad aprirsi la via lungo la strada principale ovest-est, facendo solo lenti progressi sul pessimo terreno e contro la tenace difesa russa. Solo lentamente gli uomini del *XXXIX. Armee-Korps* del Generale von Arnim avanzarono e nel perimetro della sacca si manifestò una certa ansia all'avvicinarsi del 1° maggio, poiché era quasi certo in quel giorno che un grande assalto sarebbe stato lanciato dai sovietici contro la città. Il presidio si preparò a parare le nuove puntate offensive nemiche e quando la prima di queste arrivò il 1° maggio, i cannonieri dell'unico *PAK 38* nel settore ovest distrussero in rapida successione cinque carri armati sovietici attaccanti da sud. Il capopezzo *Unteroffizier* Behle e il suo puntatore furono decorati per questo atto della Croce di Ferro di I classe. La difesa era ancora salda, rincuorata dalla consapevolezza che i soccorsi non erano troppo lontani. Durante la giornata di battaglia del 2 maggio furono distrutti altri quattro carri armati russi.

Il giorno seguente una colonna di soccorso composta da *Sturmgeschütz III* dello *Sturmgeschütz-Abteilung 184*, fanti dell'*Infanterie-Regiment 405* e Pioniere del *Pioniere-Lehr-Bataillon 1* avanzò alle 11.50 per sfondare fino a Cholm. I primi sforzi fallirono e l'assalto fu rinnovato il 4. Dopo uno sbarramento tedesco poco prima dell'alba, gli *StuG* si spinsero in avanti ma, non supportati dai propri fanti che erano stati coinvolti in aspri combattimenti con la fanteria sovietica, l'avanzata fu fermata a solo un chilometro da Cholm. Il 5 maggio la sveglia degli uomini della colonna di soccorso era stata fissata alle 03.45, e per nascondere l'ora esatta dell'attacco ai sovietici, il comandante della colonna di soccorso ordinò che venisse avviato il motore di un veicolo per volta. Gli *StuG* superarono la loro linea di partenza alle 05.20 e non molto tempo dopo gli *Stuka* iniziarono a bombardare le posizioni sovietiche. Stordite dall'artiglieria e dai bombardieri in picchiata, le truppe rosse furono rapidamente investite e alle 06.20 la guarnigione di Cholm prese collegamento con gli *StuG* della *2./Sturmgeschütz-Abteilung 184* comandati dall'*Oberleutnant* Richard Hohenhausen della colonna di soccorso. Questa avanguardia fu seguita da altre truppe e il presidio, dissanguato, logoro, stanco ma esultante, fu portato via momentaneamente dalla linea per riposare, ma la situazione al fronte costrinse il comando tedesco a impiegare di nuovo gli uomini abili della guarnigione nei combattimenti nel settore nelle settimane successive.

Una forza di meno di 4.000 uomini determinati aveva respinto un nemico il cui numero salì durante l'assedio a sei Divisioni fucilieri, sei Brigate fucilieri e due Brigate corazzate. Le perdite subite dal presidio, 1.550 morti e 2.200 feriti, furono una frazione minima del 1.107.830 soldati di tutti i gradi perduti in azione dalle forze tedesche dal primo giorno dell'operazione *Barbarossa*; ma quelli di Cholm erano camerati, uomini che avevano combattuto, sofferto e sopportato insieme.

Statisticamente il presidio aveva respinto 128 assalti sovietici, quaranta dei quali erano stati fatti con carri armati e fanteria. Gli uomini di Cholm avevano distrutto quarantadue carri armati e abbattuto due aerei sovietici con fucili e mitragliatrici, e causato al nemico perdite per 20.000 uomini tra morti, feriti e prigionieri nel corso della battaglia. Avevano poi effettuato dieci attacchi di fanteria e avevano montato quarantatré contrattacchi. Circa 700 dei loro feriti erano stati evacuati dall'aria e il giorno in cui furono rilevati c'erano solo 1.200 uomini ancora pronti all'azione. Il segno esteriore e visibile del cameratismo che era stato forgiato nelle battaglie da gennaio a maggio era lo scudetto da braccio *Cholmschild*; quello e la *Medaille Winterschlacht im Osten 1941/42*, la medaglia dei combattimenti invernali all'est, mostravano che chi le indossava aveva prestato servizio durante quel primo, terribile inverno del 1941-1942.

Un risultato militare fu che la linea attorno a Cholm rimase immobile fino al febbraio del 1944, quando le offensive russe attorno a Leningrado cacciarono gli ultimi tedeschi da quel settore. Può darsi che la difesa che il piccolo presidio mise in atto nelle prime battaglie invernali influenzò la decisione della *STAVKA* di non attaccare di nuovo in forze in quella parte della linea del fronte sino a quel momento.

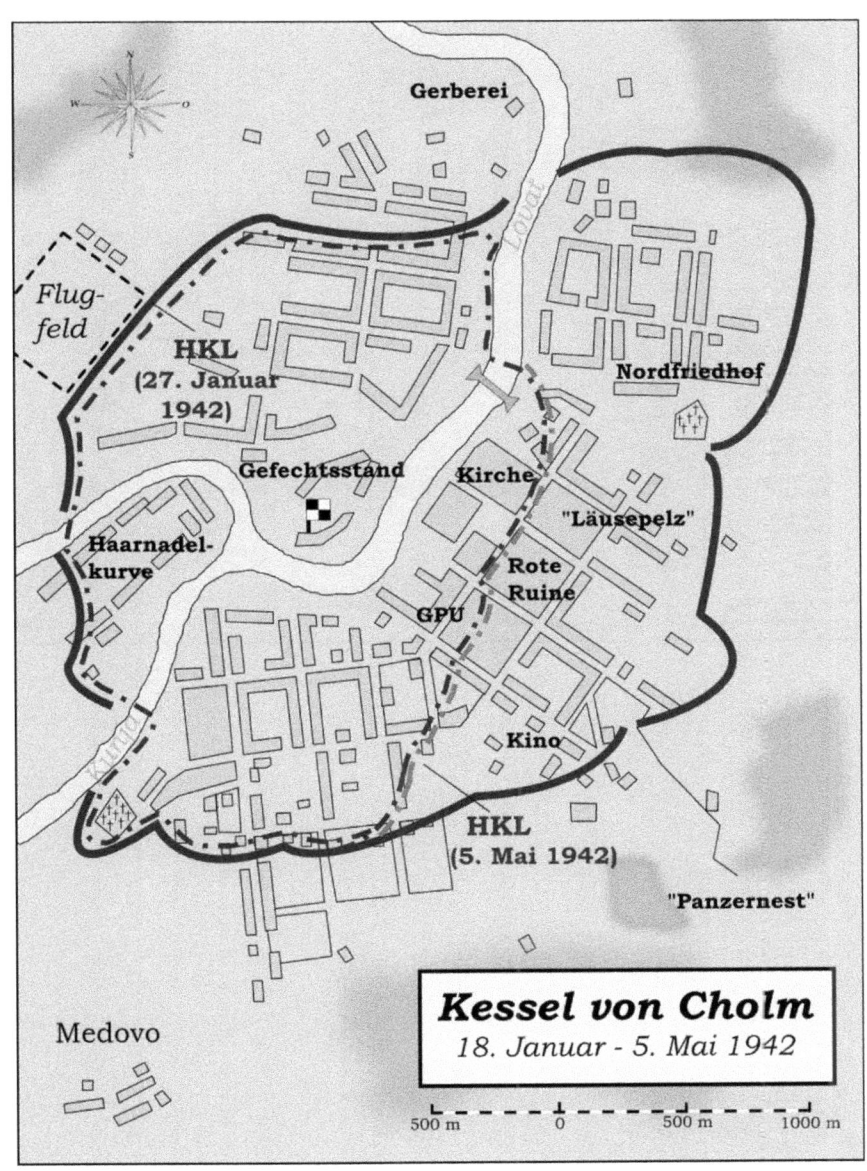

Mappa della sacca di Cholm, con evidenziata la prima linea (HKL) il 27 gennaio 1942 e il suo perimetro, considerevolmente ridotto dagli attacchi sovietici, al 5 maggio 1942, il posto di comando del Kampfgruppe Scherer (Gefechtsstand), l'aeroporto (Flugfeld) e i principali punti salienti e caposaldi.

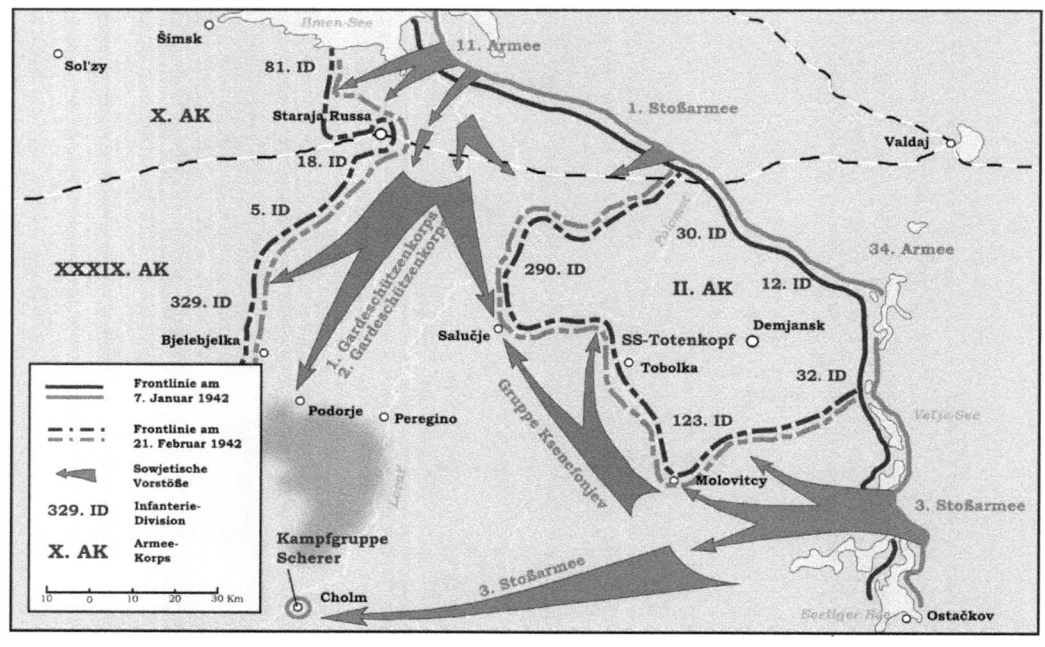

Nella mappa, l'offensiva sovietica a sud del lago Ilmen, regione di Novgorod, 7 gennaio – 21 febbraio 1942. A sud ovest è indicata la località di Cholm difesa dal Kampfgruppe Scherer, *attaccata dalla 3ª Armata d'assalto dell'Armata Rossa.*

Legenda:

Il tratto continuo rosso e blu indica le linee del fronte al 7 gennaio 1942 e quello tratteggiato al 21 febbraio 1942. Le frecce rosse indicano le principali direttrici degli attacchi sovietici.
Armee: *Armata*
Gardeschützenkorps: *Corpo fucilieri della Guardia*
Stoßarmee: *Armata d'assalto*

Cholm, marzo 1942. Il Generale Scherer decora alcuni soldati del suo Kampfgruppe *con la Croce di Ferro di II classe presso il suo posto di comando.*

*Dicembre 1942. L'*SS-Oberstgruppenführer und Chef der Ordnungspolizei *Kurt Daluege consegna lo scudetto da braccio* Cholmschild *a membri* Reserve-Polizei-Bataillon 65 *veterani della battaglia di Cholm.*

Soldati del Kampfgruppe Scherer *osservano tesi le operazioni aeree sulla sacca.*

*L'artiglieria sovietica ha incendiato un deposito nella sacca. Ufficiali, soldati e ausiliari russi cercano di mettere in salvo il materiale dalle fiamme. Sulla destra l'*Oberleutnant *Bruno Möhrke, ufficiale ai rifornimenti del* Kampfgruppe.

*La linea del fronte al limitare di Cholm. Nella foto in alto, scattata il 7 marzo 1942, l'*Oberstleutnant *Johannes Manitius (a destra) controlla lo schieramento del* Kampfgruppe *dal suo posto di comando sull'alto argine del Lovat. Manitius fu insignito della* Ritterkreuz *il 3 aprile 1942 quale comandante dell'*Infanterie-Regiment 386.

*Le posizioni difensive tra le rovine della città di Cholm. Sopra a destra, il liceo femminile. Sotto a destra, la chiesa nel settore est. Nella sua cripta vi era il posto di comando di Battaglione dell'*Hauptmann *Otto Heister, comandante del* II./Infanterie-Regiment 386.

L'Oberleutnant *Joachim Feist, un osservatore avanzato dell'artiglieria appena aviotrasportato nella sacca, mentre percorre di corsa un settore in vista del nemico nei pressi della prigione della* GPU. *Nella seconda foto, notare i corpi di alcuni soldati russi caduti sulla spalletta della strada.*

Nella foto sopra, da sinistra: un Leutnant *non identificato, il Leutnant Joachim Dettmann, l'*Hauptmann *Albert Biecker, poi decorato della* Ritterkreuz *per la difesa del caposaldo della prigione della* GPU *e due soldati.*

Sopravvivere e combattere tra le rovine della città di Cholm.

In queste foto, la prigione della GPU, uno dei caposaldi più duramente contesi della sacca, e i suoi difensori.

Il presidio delle posizioni e il continuo pattugliamento tra di esse per evitare infiltrazioni della fanteria sovietica.

Una ben armata truppa d'assalto del Kampfgruppe *impegnata in un contrattacco locale. Il suo comandante, armato di un mitra russo* PPD-40 *catturato e dotato di un cappotto con pelliccia e binocolo 6x30 è l'*Oberzahlmeister *Willi Schmidt. Notare nelle ultime foto i cadaveri congelati di alcuni soldati sovietici nella trincea-camminamento e l'MG 15 d'aereo con il suo caricatore a sella da 75 colpi convertita per l'impiego terrestre dei due mitraglieri nella fotografia a destra.*

In questa pagina e nella precedente, il recupero dei contenitori aviolanciabili della Luftwaffe *e del loro vitale contenuto dalla zona di lancio nell'ansa del Lovat ("Harrnadelkurve", "Tornante") nel settore sudovest e nelle sue vicinanze.*

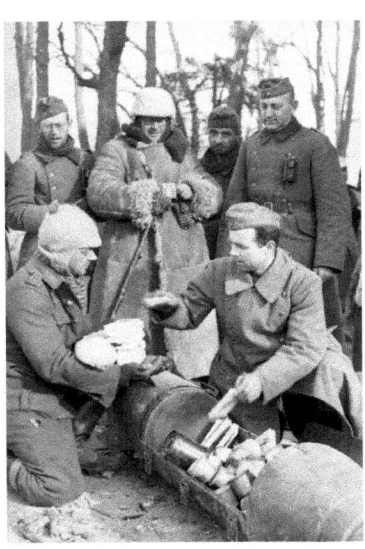

Le munizioni aviolanciate sono stoccate e quindi distribuite ai reparti nella sacca. Sopra, si prelevano cassette di bombe da mortaio da 8 cm. Nelle due immagini sotto, soldati della guarnigione della prigione della GPU *inseriscono i detonatori (*Sprengkapsel*) nelle bombe a mano* Stielhandgranate 39 *contenute in una cassetta da 15 granate.*

La difficoltosa distribuzione e il consumo del rancio.

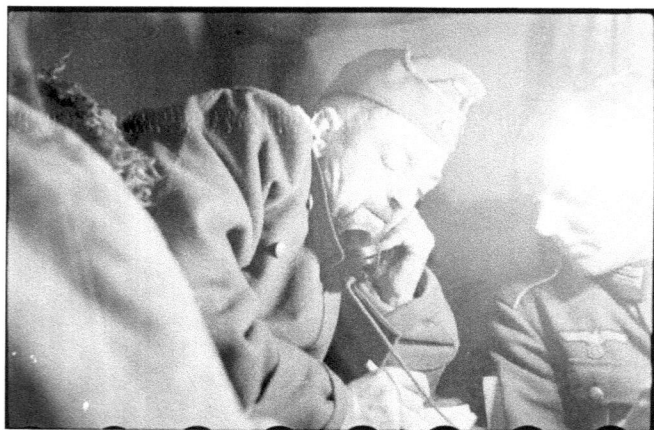

Il bunker comando del Kampfgruppe. *In alto, il Generale Scherer al suo tavolo, una cassettiera rovesciata. Nella foto successiva, l'*Ic *(ufficiale alle informazioni sul nemico)* Major *Kurt Grabs riceve un rapporto al telefono.*

*Dall'alto: il Generale Scherer appunta la Croce di Ferro di I classe all'*Oberzahlmeister *Willi Schmid. Sotto, un* Polizei-Oberwachtmeister *consegna delle forniture mediche aviotrasportate nella sacca all'*Assistentarzt *Dr. Huck e allo* Stabsarzt *Dr. August Ocker (a destra) del* Kampfgruppe. *Nelle ultime due foto, il Generale Scherer con il* Major *von Bodehausen e assieme ad altri ufficiali del* Kampfgruppe: *da sinistra il* Major *Kurt Grabs, un* Oberleutnant *del Comando, l'*Oberleutnant *Bruno Möhrke, l'*Oberstleutnant *Manitius e l'*Hauptmann *Fritz Spitäller, poi insignito della Croce tedesca in oro (*Deutsche Kreuz in Gold*).*

Cholm, 20 marzo 1942. La sequenza del conferimento da parte del Generale Scherer della Ritterkreuz *all'*Hauptmann *Albert Biecker, a capo della* 9./Infanterie-Regiment 386, *per il suo ruolo nella difesa del caposaldo* GPU.

Sopra, il macabro compito del recuperare e impilare i cadaveri dei soldati sovietici colpiti dal fuoco tedesco. A quasi tutti i corpi sono stati tolti i caldi stivali, a beneficio dei difensori di Cholm. Sotto, le tombe dei caduti del Kampfgruppe Scherer *nel cimitero occidentale, presso i resti della chiesa in legno.*

La sopravvivenza e la morte di civili russi intrappolati nella sacca. Nelle foto, donne russe trasportano delle salme di loro congiunti, e alcuni civili russi macellano un cavallo: un anziano ne ha recuperato una zampa..

I volti dei Cholmkämpfer, *i combattenti della sacca di Cholm.*

Sopra, personale dello Jagdkommando 8 *proveniente dai* Gebirgsjäger *nella sacca di Cholm; nelle foto sulla destra è ritratto l'*Hauptmann *Fritz Spitäller. Sotto, appartenenti alla* Polizei.

Una delle armi d'appoggio nella sacca: uno dei tre 7.5cm leichte Infanterie Geschütz lIG 18 del Kampfgruppe Scherer *in azione nel settore nord-ovest. Il capo pezzo-puntatore all'ottica panoramica, il porgitore con una granata da 75 mm e un altro servente cerca di fissare al terreno ghiacciato con il suo peso la coda del pezzo per limitarne il rinculo e quindi lo spostamento dalla mira sul bersaglio per i colpi successivi.*

Alcune delle altre relativamente poche armi pesanti presenti nella sacca, dall'alto: un pezzo controcarro 5 cm PAK 38 piazzato presso la chiesa ad est, uno dei quattro 3.7cm PAK 35/36 disponibili nella sacca alla data del 9 marzo 1942 assieme a tre PAK 38, piazzato in copertura all'aeroporto, un lanciarazzi 28/32 cm schwere Wurfgerät 40 arrivato nella sacca via aliante il 16 marzo 1942 assieme alle relative munizioni e a cinque serventi della 3./Pz.Pi.Btl 59, e un carro leggero sovietico T-60 catturato il 1° maggio del 1942.

La Luftwaffe nella battaglia di Cholm

di Stijn David e Sebastián Bianchi[9]

All'inizio di gennaio del 1942, l'offensiva tedesca nel settore settentrionale del fronte orientale era giunta ad una brusca conclusione, e ben presto i russi presero l'iniziativa. La 3ª Armata d'assalto e l'11ª Armata sovietiche fecero breccia nelle linee tedesche l'8 gennaio e le unità della *16. Armee* (*Generaloberst* Ernst Busch) iniziarono a ritirarsi sotto la costante pressione nemica, consentendo ai sovietici di ottenere grandi guadagni territoriali in un breve lasso di tempo. Nell'area di Demjansk un intero Corpo d'Armata rimase intrappolato e si ritrovò circondato dall'8 febbraio 1942 fino al 21 aprile 1942. Numerose altre unità furono circondate o semplicemente investite, e in questa situazione critica le linee tedesche ripiegarono di circa 100 km.
Per continuare l'offensiva, i russi avevano bisogno di catturare la strategica città di Cholm sul fiume Lovat, nel settore di Kalinin. I tedeschi, dal loro punto di vista, non potevano permettersi di perdere questo punto strategico poiché era cruciale per le missioni pianificate per il rilevare le unità circondate nella sacca di Demjansk. Altrettanto importante era il fatto che Cholm faceva parte di una linea difensiva che Hitler considerava essenziale come trampolino per ulteriori operazioni offensive; i suoi piani per un secondo assalto a Mosca e Leningrado sarebbero stati gravemente compromessi se Cholm fosse caduta nelle mani dei sovietici. Con in mente l'importanza della città, Hitler puntò tutto su uno dei suoi inflessibili ordini di "difesa fino all'ultimo uomo". Durante i primi fluidi giorni della battaglia, le unità tedesche si concentrarono velocemente nella piccola città sotto il comando del *Generalmajor* Theodor Scherer (comandante della *281. Sicherungs-Division*), che diede il suo nome a questo gruppo di reparti: *Kampfgruppe Scherer*.
Nella sacca erano presenti anche altre unità o parti di unità, in questo ultimo caso per lo più sbandati. Nel corso dei combattimenti, ci fu anche un afflusso di alcune nuove truppe da parti di unità aerotrasportate nella sacca, così come i piloti di aliante del *Kampfgeschwader z.b.V. 172*. Le fonti tedesche affermano che oltre 60 unità o loro elementi erano presenti nella sacca.

L'effettivo accerchiamento della *Festung Cholm* iniziò il 21 gennaio 1942. Nei giorni seguenti i russi chiusero del tutto l'accerchiamento e strinsero il cappio, e da allora fino al suo soccorso il 5 maggio 1942, esattamente 105 giorni dopo, la sacca di Cholm resistette isolata. La forza della sacca è riferita in circa 4.500 uomini. C'erano anche numerosi civili che non erano riusciti a sfollare prima della chiusura dell'accerchiamento. I russi schierarono rapidamente tre intere Divisioni attorno alla città e lanciarono un attacco dopo l'altro nel tentativo di spezzare la resistenza tedesca all'interno della sacca.

Le truppe tedesche furono circondate in un'area che era di circa due chilometri nel punto più largo. La sacca era sotto il fuoco costante dell'artiglieria sovietica ed era priva di ripari naturali. Cholm era una piccola città russa di circa 10.000 abitanti durante il periodo di pace, divisa in due parti dal fiume Lovat, che aveva delle alte sponde. Sebbene la maggior parte delle case fosse fatta di legno, alcuni degli edifici più grandi erano costruiti in pietra. Questi includevano alcune case dei dignitari locali, la chiesa (usata come punto di osservazione dell'artiglieria) e l'ex prigione della *GPU*. L'ultimo edificio menzionato divenne un caposaldo difensivo principale e si dimostrò

---

[9] Il presente contributo, pubblicato da *Wehrmacht-Awards* come introduzione storica allo scudetto di Cholm, è qui riprodotto con un diverso titolo editoriale, evidenziante il preminente spazio dato dagli autori nel loro scritto al contributo della *Luftwaffe* alle operazioni nella sacca.

di importanza capitale nella tenuta della città. La sacca di Cholm era divisa in quattro settori (in tedesco *Abschnitt*), ovvero Nord, Est, Sud e Ovest. Le principali battaglie dalla sacca di Cholm si svolsero nella parte est. Guardando le mappe allegate si può vedere chiaramente che fu questo il settore in cui le truppe tedesche persero la maggior parte del terreno, e di conseguenza fu lì che la maggior parte dei tedeschi furono uccisi durante l'assedio.

Le truppe circondate non avevano quasi armi pesanti e dovevano difendersi inizialmente con un paio di *PAK 35/36* da 37 mm, un *PAK 38* da 50 mm, alcuni mortai e le loro mitragliatrici e armi leggere. Le armi pesanti non avevano munizioni sufficienti, e gli artiglieri dell'*Artillerie-Regiment 123* intrappolati furono impiegati come fanteria durante la battaglia.

Per compensare la mancanza di corazzati, i tedeschi furono in grado di piazzare una postazione non convenzionale di artiglieria fuori dalla città di Cholm, che si dimostrò di grande valore nel corso della battaglia. Questo raggruppamento di artiglieria era sotto il comando del Generale Uckermann e da quel momento fu chiamato *Gruppe Uckermann*. Questo caposaldo dell'artiglieria fu posto a circa dieci chilometri a ovest di Cholm in prossimità di Dubrovo/Tarakonovo. Era una vera testa di ponte, che però poteva essere attaccata dalle forze sovietiche sia da nord che da sud. Questa roccaforte di artiglieria non era convenzionale a causa del fatto che le Batterie (*Artillerie-Regiment 218* e *schwere Artillerie-Abteilung 536*) furono poste davanti all'effettiva prima linea tedesca, una posizione che causò un'enorme quantità di vittime per questi artiglieri, ma questo espediente fu necessario per poter stendere una cortina protettiva di fuoco e acciaio sulla guarnigione che teneva la fortezza Cholm. Per dare una stima dei colpi che furono tirati sulle linee russe dal *Gruppe Uckermann*, si può affermare che oltre 1.000 proiettili al giorno potevano essere sparati da questa postazione.

Il fuoco di queste unità di artiglieria fu diretto dall'interno della città di Cholm da due coraggiosi ufficiali d'artiglieria che furono aerotrasportati durante la fase iniziale della battaglia. L'*Oberleutnant* Joachim Feist (*schwere Artillerie-Abteilung 536*) e il *Leutnant* Joachim Dettmann (*Artillerie-Regiment 218*) hanno svolto un ruolo molto importante nel dirigere il fuoco di supporto dell'artiglieria proveniente dall'esterno della sacca. Il loro compito principale era quello di cercare continuamente obiettivi russi adatti dentro e intorno alla città. Una volta individuato un possibile bersaglio, un portaordini doveva riportare il bersaglio all'operatore radio all'interno della sacca, situato nel quartier generale nella cosiddetta "*Weisses Haus*", che doveva trasmettere il bersaglio al *Gruppe Uckermann*. Logicamente, questa procedura portava a una certa perdita di tempo (nelle circostanze migliori, circa 10 minuti) e occasionalmente gli obiettivi mobili erano quindi mancati a causa della differenza di tempo tra il loro rilevamento e il tiro.

Un altro ruolo importante nel mantenere il possesso della *Festung Cholm* fu svolto dalla *Luftwaffe* che fece uno sforzo continuo per rifornire le truppe circondate di tutti i beni necessari. Per alleviare la pressione, la *Luftwaffe* doveva anche attaccare le posizioni nemiche con unità da bombardamento terrestre e in picchiata al comando della *Luftflotte 1* ogni volta che il meteo lo permetteva.

Un problema principale per le forze di rifornimento tedesche era il fatto che non esisteva un aeroporto disponibile a causa delle dimensioni ridotte della sacca. Per aggirare questa situazione, le unità di trasporto tedesche della *Luftwaffe* utilizzarono una pista di atterraggio improvvisata di circa 1.000 metri appena fuori dalla parte nord-occidentale della città. Questa pista di atterraggio si trovava nella terra di nessuno e quindi è facile capire perché i primi aerotrasporti delle unità *Luftwaffe* di rifornimento tedesche attirarono la pronta attenzione delle truppe russe, causando ingenti perdite tra le truppe sbarcanti. La pista di atterraggio divenne presto un cimitero di *Junkers Ju 52* tedeschi. Di seguito, un esempio della ferocia della battaglia e del coraggio delle unità di trasporto tedesche: a metà febbraio 1942 fu ordinato che 7 *Ju 52* aerotrasportassero nella sacca una intera Compagnia tedesca. La loro missione era atterrare, sbarcare le truppe e poi volare via di nuovo. Cinque dei sette *Junker* furono danneggiati così gravemente durante la missione da non essere in grado di tornare alla loro base di origine e dovettero essere abbandonati. Complessivamente, la missione comportò una perdita del 71% degli aerei, con gli equipaggi sopravvissuti che entrarono a fare parte del *Kampfgruppe Scherer*. A causa delle alte perdite, il comando tedesco della *Luftwaffe* fu costretto a cambiare tattica.

L'idea di lanciare dei paracadutisti fu subito scartata; a causa delle dimensioni molto ridotte della sacca, ciò avrebbe solo comportato una massiccia perdita di eccellente materiale umano. Pertanto la *Luftwaffe* decise di mantenere il flusso dei rifornimenti grazie agli aviolanci (il *Kampfgruppe Scherer* aveva bisogno di circa 60 contenitori aviolanciati al giorno per sopravvivere), eseguiti solitamente da bombardieri da trasporto *Heinkel He 111* sganciati i contenitori paracadutati in un'area di circa 200 metri per 500 nella "*Haarnadelkurve*", l'ansa del Lovat nel settore ovest. Furono anche impiegati degli alianti come i *Gotha Go 242*, considerati persi in modo permanente quando atterrati. Il primo *Go 242* atterrò a Cholm il 16 febbraio 1942. Gli alianti atterravano a Cholm la sera alle 19.00 circa, o la mattina presto per ridurre il rischio di essere individuati e abbattuti dagli aerei da caccia nemici, contro i quali gli alianti non avevano quasi alcuna difesa. Questi voli portarono rifornimenti vitali; medicinali, armi, munizioni e persino nuove truppe. Ad esempio tra il 9 marzo 1942 e il 12 marzo 1942 fu portata nella sacca da alianti *Go 242* una Compagnia completa, la *2./Grenadier-Regiment 409*. Ogni volta che questi alianti volteggiavano verso terra, i tedeschi stendevano un fuoco di soppressione tramite un attacco da parte di *Stuka* o di artiglieria sulle linee sovietiche. Ciò teneva fissato il nemico e evitava in parte che gli alianti fossero bersagliati dal tiro russo ancor prima di atterrare. I piloti atterrati nella sacca, dopo l'atterraggio e lo sbarco dei rifornimenti, avevano il compito aggiuntivo di diventare combattenti di fanteria fianco a fianco con le altre truppe circondate. Lo sforzo della *Luftwaffe* può essere delineato statisticamente come segue:

– 2.122 missioni di aviolancio di contenitori da parte di unità di volo di *Heinkel He 111* (unità coinvolte: *KG 4, I./KG 53, KG z.b.V. 5*)
– Di 91 *Junkers Ju 52* decollati verso Cholm (prima fase della battaglia), 27 furono abbattuti o distrutti nei pressi della città di Cholm (circa il 30%)
– 81 alianti *Gotha Go 242* furono schierati per rifornire Cholm (appartenenti al *KG z.b.V. 172*), di questi almeno 56 raggiunsero l'obiettivo.

Le truppe circondate respinsero oltre 100 attacchi di fanteria e non meno di 42 attacchi di carri armati durante i 105 giorni di accerchiamento. Un vantaggio per le truppe tedesche in difesa era il fatto che i russi non potevano concentrare efficacemente alti numeri di carri armati attorno alla città per le loro offensive date le condizioni del terreno, prima fortemente innevato e poi estremamente fangoso anche per gli standard russi, e che i reparti corazzati sovietici impiegati in queste operazioni erano dotati in maggioranza di carri leggeri come i *T-60*, molto vulnerabili alle seppur poche armi controcarro tedesche e in una certa misura al fuoco d'artiglieria.

Un punto critico nella battaglia arrivò all'inizio di maggio, quando i russi intrapresero un attacco in grande scala e arrivarono a 100 metri dal raggiugere gli alti argini del fiume Lovat dal settore orientale. Se fossero riusciti a raggiungere queste sponde, la sacca sarebbe stata separata in due e la sua difesa investita dall'interno, cosa che accadde nell'accerchiamento di Velikie Luki del novembre 1942- gennaio 1943 e provocò la perdita della città e di truppe veterane insostituibili.

Un altro problema principale che divenne sempre più acuto nel corso della battaglia furono i feriti. Gli uomini feriti avrebbero potuto essere trasportati fuori dall'accerchiamento all'inizio della battaglia tramite degli aerei da trasporto *Ju 52*, assegnati a aerotrasportare nuove truppe e riportare indietro i feriti (secondo alcune fonti queste missioni riuscirono a evacuare circa 700 feriti, un risultato che può essere definito un vero successo) ma, come detto sopra, questa soluzione di trasporto divenne impossibile con l'evoluzione della battaglia. Da quel momento in poi i tedeschi non furono in grado di trasportare il personale ferito fuori città e di giorno in giorno il numero di feriti nella sacca aumentò. Colpisce anche il fatto che quando la battaglia divenne più accesa il numero di posti in cui i feriti potevano essere portati diminuì (la sacca fu ridotta di dimensioni sia dal ritirarsi verso altre posizioni che dalle unità semplicemente investite dai russi), quindi questa situazione divenne presto drammatica.

Dopo l'incendio dell'ufficio principale dell'ospedale (all'inizio situato nella parte orientale della città) e con la maggior parte degli edifici in rovina, i feriti furono trasportati nella parte occidentale (che era l'area più sicura durante l'intera battaglia) nella "*Haarnadelkurve*". Lo svantaggio di questo era che gli edifici erano fatti di legno e senza cantine, quindi ogni volta che una granata esplodeva vicino o colpiva alcuni degli edifici non c'era copertura per i feriti da frammenti di legno e schegge. Non era assolutamente raro che una persona venisse ferita una seconda o terza volta da tali frammenti prima di poter riprendersi dalla precedente ferita da combattimento.

Nella sacca il numero dei caduti tedeschi in azione fu oltre il 25% e il numero dei feriti divenne ancora maggiore: circa 2.200 soldati (ossia almeno il 40%), e bisogna tenere presente che molti dei feriti gravemente sopravvissuti alla battaglia morirono poco dopo a causa di ferite ricevute negli ospedali tedeschi o rimasero disabili a vita. Questa situazione estrema richiedeva il meglio dallo staff medico e i risultati del Dr. Huck e del Dr. Göpfert, oltre che del restante personale medico, dovrebbero essere riconosciuti come straordinari.

La mattina del 5 maggio 1942 giunse la fine dell'accerchiamento. Durante l'accerchiamento i tedeschi fuori dalla sacca non smisero mai di tentare di rompere l'accerchiamento penetrando sino alla città di Cholm ma fallirono in tutti i casi a causa principalmente dalle scarsità numerica delle truppe impiegate e dalle avverse condizioni meteorologiche. Quando arrivarono i soccorritori, la sacca era ormai pesantemente ridotta di dimensioni (vedi mappe) e c'erano solo circa 1.200 uomini in grado di combattere su un totale di 4.500. Per le truppe circondate la battaglia non era però ancora finita in quanto dovettero combattere fino a circa la metà di giugno con i loro liberatori per stabilizzare il fronte, e questi giorni di combattimento costarono la vita a molti altri soldati, tra questi il comandante dell'*Infanterie-Regiment 411* della *122. Infanterie-Division Oberstleutnant* Heinrich Tromm, caduto in azione il 18 giugno 1942 a circa due chilometri a nord-ovest di Cholm e sepolto il 21 giugno 1942. Già decorato della Croce di Cavaliere il 15 novembre 1941, fu promosso *Oberst* a titolo postumo. La città di Cholm rimase per altri due anni in mano tedesca e fu abbandonata nel febbraio del 1944 quando le linee tedesche ripiegarono nel complesso del vasto movimento retrogrado del fronte. Durante questi due anni i combattimenti non cessarono mai, ma le difese tedesche ressero e i russi non cercarono di forzare uno sfondamento decisivo in questo punto del fronte. Per molti sopravvissuti la loro sofferenza non era ancora finita, poiché a causa delle scarse condizioni igieniche un'epidemia di tifo petecchiale scoppiò tra i civili e si diffuse rapidamente tra le file dei difensori causando, a molti dei sopravvissuti lunghe degenze in vari ospedali.

Alti decorati della battaglia di Cholm

La feroce battaglia portò numerose onorificenze ai difensori e alla creazione di un nuovo scudetto da braccio di Campagna, il *Cholmschild*, istituito il 1° luglio 1942 e conferito a 5.486 soldati, molti a titolo postumo. I seguenti alti riconoscimenti furono assegnati ai difensori per il loro comportamento esemplare durante la battaglia e a membri della colonna di soccorso;

Fronde di quercia alla Croce di Cavaliere:
5 maggio 1942: *Generalmajor* Theodor Scherer (ricevute personalmente da Hitler)

Croce di Cavaliere:
20 febbraio 1942: *Generalmajor* Theodor Scherer (*Kdr. Kampfgruppe Scherer*)
23 febbraio 1942: *Oberleutnant* Gerhard Werner (*Jagdkommando 8*)
18 marzo 1942: *Hauptmann* Albert Biecker (*Infanterie-Regiment 386*), ucciso in azione a Cholm il 1° maggio 1942
3 aprile 1942: *Oberstleutnant* Johannes Manitius (*Kdr. Infanterie-Regiment 386*)
11 maggio 1942: *Oberleutnant* Richard Hohenhausen (*2./Sturmgeschütz-Abteilung 184*)

Croce tedesca in oro:
30 maggio 1942: *Oberstleutnant d.R. i.G.* Freiherr Hans von Bodenhausen (*Stab Kampfgruppe Scherer*)
23 giugno 1942: *Hauptmann* Fritz Spitäller (*Jagdkommando 8*)
8 agosto 1942: *Oberleutnant* Hans-Joachim August Wilhelm Otto Alfred (*Artillerie-Regiment 123*)
8 agosto 1942: *Oberleutnant* Hans-Joachim Ritter (*IV./Artillerie-Regiment 123*)

In queste foto, la partenza dall'aeroporto di Plesaku e del volo verso Cholm nel pomeriggio del 5 marzo 1942 di un aliante da trasporto Gotha Go 242 *trasportante un reparto di fanteria nella sacca. Il corrispondente di guerra* (Propaganda-Kompanie Kriegsberichter) *Richard Muck salirà con essi sull'aliante. Nelle foto sotto, il copilota/ingegnere di volo Gefreiter Otto Moeller fissa il cavo di rimorchio, mentre il pilota Obergefreiter Hans Weber supervisiona l'operazione. Quindi, dall'aliante si segnala all'aereo traino di iniziare la procedura di sgancio. Ormai in volo planato, Muck scatta una foto dall'aliante al paesaggio ghiacciato sottostante. L'aliante si poserà a terra senza intoppi a Cholm alle ora 18.50; come per gli altri piloti che portarono con successo a terra il loro aliante, Weber e Moeller saranno decorati della Croce di Ferro di II classe.*

In alto, uno dei trimotori da trasporto Junkers Ju 52 *impiegati inizialmente nello scarico di rifornimenti nella sacca e nell'evacuazione dei feriti. Sotto, la sequenza dello sgancio di contenitori aviolanciabili paracadutati nella sacca di Cholm da un bombardiere da trasporto* Heinkel He 111.

Purtroppo, alcune di queste operazioni di aviotrasporto di rifornimenti si conclusero tragicamente a causa della caccia e contraerea russa o di incidenti di volo. Qui, un aliante Gotha Go 242 *schiantatosi contro una costruzione a Cholm il 4 marzo 1942. Sono visibili sulla destra i corpi dei due piloti estratti dal relitto, i Gefreiter* Edmund Griesmeier *e* Hermann Görtjes.

In queste foto, gli equipaggi degli alianti atterrati nella sacca tra metà febbraio e il 15 marzo 1942.

Nota editoriale

Mentre la prima sezione del presente libro proponeva un approfondimento storico sulla battaglia di Cholm attraverso i due saggi di James Lucas e di Stijn David e Sebastián Bianchi, opportunamente integrati e rivisti dal curatore, e una analisi delle serie fotografiche scattate dal corrispondente di guerra Richard Muck, aviotrasportato nella sacca il 5 marzo 1942 e lì presente sino alla fine dell'accerchiamento, la sezione seguente riproduce le fotografie del raro libro *Kampfgruppe Scherer – 105 Tage eingeschlossen (Gruppo di combattimento Scherer – accerchiati per 105 giorni)*, riunente una selezione delle foto di Richard Muck, e pubblicato in Germania nel 1943. Una tiratura speciale, comprendente una nota del Generale Scherer e una sua cartolina-ritratto, fu consegnata ad ogni combattente di Cholm o ai suoi famigliari se caduto sul campo. Le didascalie delle foto sono pertanto quelle originali; si è solo provveduto a inserire quando possibile i nomi per esteso dei militari fotografati, solitamente identificati da Muck con le sole iniziali del cognome, e a annotarle se necessario per illustrare al lettore luoghi o circostanze relative alle fotografie che non fossero già state esplicate nella sezione precedente. In appendice vi è poi un ordine di battaglia completo delle forze tedesche presenti nella sacca e giunte in seguito via aviotrasporto.

RICHARD MUCK

KAMPFGRUPPE *Scherer*

–105 Tage eingeschlossen–

La copertina originale del libro (collezione Andrea Lombardi).

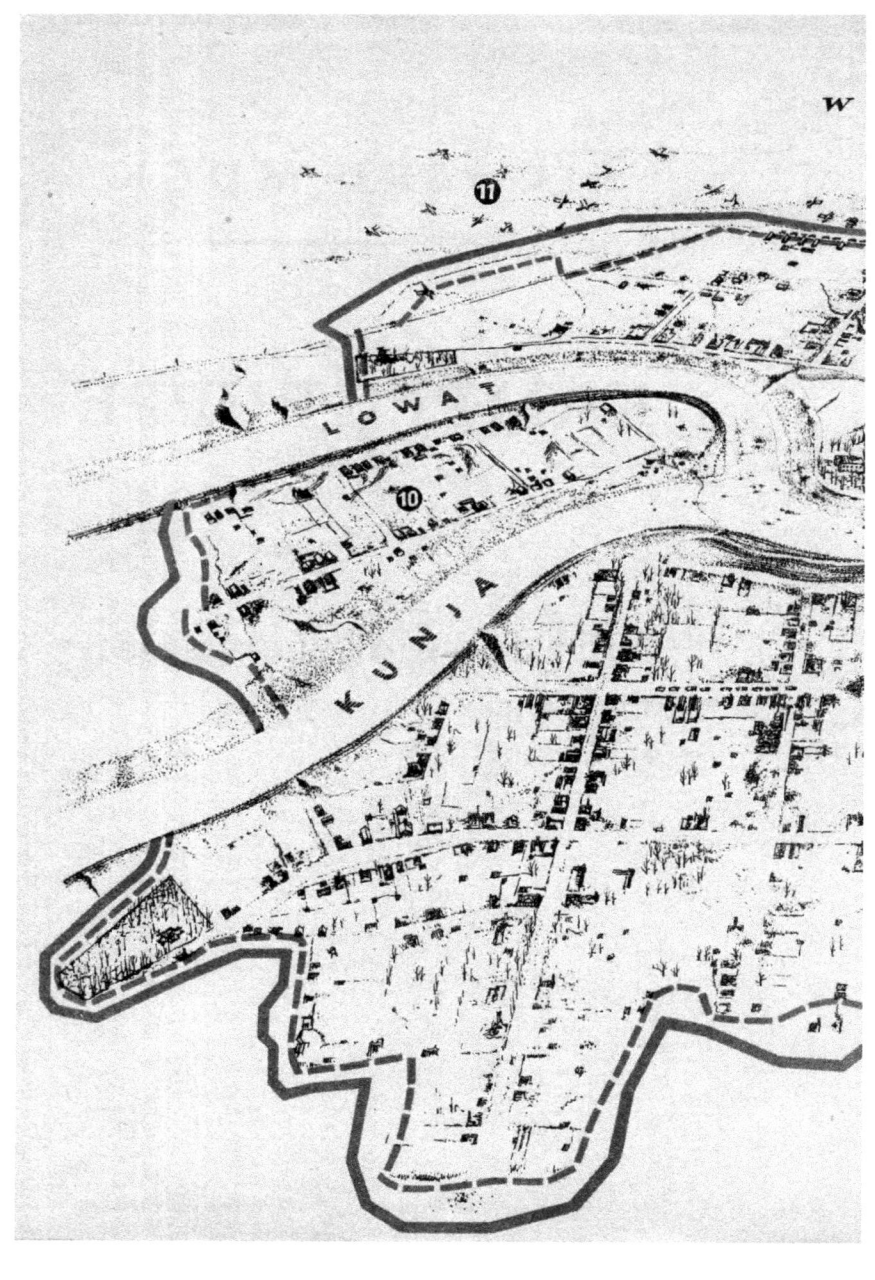

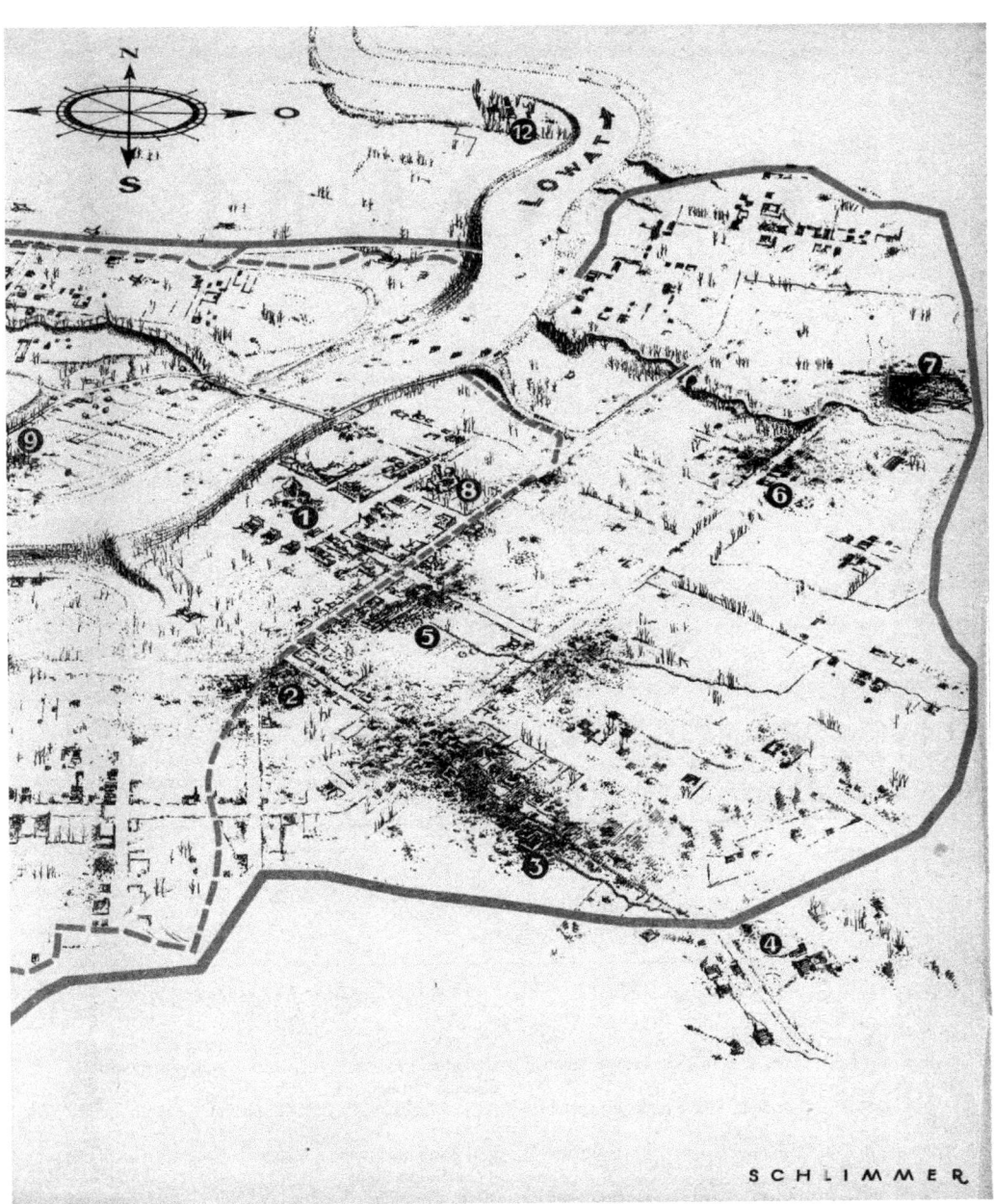

Übersichtskarte CHOLM

Zeichenerklärung:

▬▬▬ Hauptkampflinie 21.1.42.

① Der „Judentempel". Zielpunkt der sowjetischen Artillerie. Unzählige Volltreffer schwersten Kalibers zerschlugen die Mauern. Der Feind vermutete darin eine B-Stelle.

② Das frühere GPU-Gefängnis. Schlüsselstellung des Stützpunktes im Osten, die Ritterkreuzträger Hauptmann Bleeker mit seinen tapferen Verteidigern bis zur Befreiung hielt.

③ Das „Kino" von Cholm. Ausgangsstellung sowjetischer Angriffe auf GPU.

④ „Altes Panzernest". Bereitstellungsraum der Feindpanzer.

⑤ „Rote Ruine". Hartumkämpfter Stützpunkt im Osten. Wiederholt von bolschewistischen Scharfschützen besetzt – wiederholt im Gegenstoß genommen.

⑥ Der „Lausepelz". Häusergruppe, diente feindlicher Infanterie als Unterkunft und Bereitstellungsraum.

— — — Hauptkampflinie 5.5.42.

⑦ Der „Nordfriedhof". Im Kirchturm sowjetische B-Stelle – Stützpunkt stark ausgebaut. Markantes Ziel unserer Stuka.

⑧ „Kirche im Osten". Gefechtstand der Gruppe H.

⑨ Der Gefechtstand des Führers der Kampfgruppe, Generalmajor Scherer.

⑩ Die „Haarnadelkurve" mit Abwurfplatz für Versorgungsbomben, Hauptverbandplatz, Verpflegungslager und Hauptmunitionslager.

⑪ Flugplatz, der bereits im „Niemandsland" liegt.

⑫ „Gerberei", aus der wiederholt feindliche Stoßtrupps in die Stellungen im Nordwesten einzubrechen versuchten.

Mappa di Cholm

Legenda

Linea principale di combattimento al 21.1.42

1. "Sinagoga". Punto di mira dell'artiglieria sovietica. Distrutto dai grossi calibri russi. Il nemico vi sospettava un osservatorio.
2. L'ex prigione GPU. Posizione chiave delle difese del settore est.
3. Il "Cinema" di Cholm. Punto d'inizio degli assalti sovietici verso la GPU.
4. "Il vecchio nido di corazzati". Area d'assemblamento dei carri armati nemici.
5. "Rovina rossa". Caposaldo aspramente conteso a est. Catturato dai sovietici e nido ci cecchini, fu ripreso in un contrattacco.
6. "Lausepelz". Gruppo di case usato dalla fanteria nemica come rifugio e area d'assemblamento.

Linea principale di combattimento al 5.5.42

7. Il "Cimitero nord". Nel campanile vi era un osservatorio sovietico. Caposaldo ben fortificato. Bersaglio primario dei nostri Stuka.
8. "La chiesa a est". Posto di comando del Gruppe H.
9. Il posto di comando del comandante del Kampfgruppe, il Generale Scherer.
10. Il "Tornante", con zona di aviolancio rifornimenti, ospedale campale, depositi di rifornimenti e munizioniere principale.
11. Aeroporto, poi nella terra di nessuno.
12. "Conceria", dalla quale per più volte mossero tentativi di sfondamento di truppe d'assalto nemiche contro il settore nord-ovest.

Cartolina della serie "Kampfabzeichen des Heeres" dedicata al Cholmschild (*illustrazione non presente nel testo originale*).

PREFAZIONE DEL GENERALMAJOR SCHERER

A sud del Lago Ilmen,

alla confluenza del Lovat e Kunja, si trova la cittadina di Cholm. Due strade principali si intersecano qui e formano l'unico collegamento utile nella direzione est-ovest e nord-sud. Il grande ponte sul Lovat è stato distrutto dai sovietici durante i combattimenti dell'anno scorso. I pionieri tedeschi hanno costruito un ponte militare.
La posizione geografica della città era un elemento chiave nel contesto degli scontri dell'inverno scorso. Il possesso di questo punto d'appoggio era fondamentale per noi e per il nemico, per lo svolgimento delle operazioni di primavera. L'ordine era: Cholm deve essere tenuta in ogni circostanza! Ma anche in assenza di questo ordine, tutti coloro che il destino aveva portato a Cholm sapevano che il bolscevico non poteva e doveva passare!
Tra le tante e costanti preoccupazioni che hanno afflitto i comandanti e la truppa in quei 105 giorni, la più grave era e rimase: ce la faremo? Non si trattava solo di morire coraggiosamente, ma di difendere la massa di macerie in cui la città si trasformava di giorno in giorno, di resistere finché sarebbe arrivata la liberazione. Quando sarebbe successo? Nessuno lo sapeva. Separati dal resto del fronte, anzi da tutto il mondo, si dipendeva solo dalle comunicazioni radio e dal rifornimento aereo da parte dei nostri camerati della *Luftwaffe*, ed era necessario respingere un nemico sempre più forte. A ciò si aggiungeva l'inverosimilmente duro inverno, con un gelo fino a 52 gradi sotto zero.

I sovietici non risparmiarono sforzi, non importa quante terribili perdite, per conquistare Cholm e spazzare via il gruppo relativamente piccolo di difensori, di cui conoscevano il debole numero. Hanno fatto tutto il possibile per contrastare gli sforzi dei nostri liberatori di rompere l'anello dell'accerchiamento. Non ci sono riusciti! Intorno Cholm e nella città il nemico ha lasciato migliaia di morti. Il numero di feriti è ignoto.
Il soldato tedesco, con la sua tenacia e la sua durezza, con la sua luminosa dedizione e la sua forza, si è dimostrato il più forte. Per questo motivo, quest'opera illustrata non deve essere solo un monumento ai combattenti morti e vivi di Cholm, ma anche al soldato tedesco del fronte orientale.

PREFAZIONE DELL'AUTORE

Nel secondo inverno a Est!

Ancora una volta, il Bollettino dell'*OKW* riporta alla radio: "Nella parte settentrionale del fronte orientale, forze avanzate hanno respinto con successo preponderanti attacchi nemici". Chi può immaginare quanto sacrificio, silenzioso eroismo e privazione ci sono dietro queste asciutte parole?
Non abbiamo bisogno di guardare indietro nell'antichità quando cerchiamo esempi di lealtà, coraggio e coraggio di morire. I risultati delle eroiche battaglie dei nostri giorni sono più impressionanti. Uno di questi esempi è l'aspra lotta del *Kampfgruppe Scherer*. Una volta scritta la storia della campagna invernale del 1941/42, l'eroica difesa di questo *Kampfgruppe* sarà una delle pagine più fiere della gloriosa storia dei *Grenadiere*[10] tedeschi a Est. Per quanto vivo e sfaccettato possa essere il contenuto di questo libro, può solo fornire uno spaccato, una panoramica. Le foto possono solo illustrare da lontano la durezza dei combattimenti difensivi, l'asprezza di essere accerchiati per 105 giorni. Nessuna parola, nessuna immagine sarà mai in grado di esprimere ciò che gli uomini di Cholm hanno davvero sopportato, ciò che hanno fatto con la loro instancabile fedeltà al *Führer*, *Volk* e *Heimat*. La presente opera illustrata è dedicata ai combattenti morti e viventi di Cholm. Inoltre, questa opera dovrebbe aiutare rinsaldare più strettamente il legame tra il fronte e il fronte interno. Il fronte interno dovrebbe trarre forza da queste parole e immagini per resistere in questa guerra dell'Essere o Non-Essere sino alla vittoria finale. Il fronte interno dovrebbe riconoscere che le proprie preoccupazioni e difficoltà sono minori rispetto ai sacrifici che i combattenti in prima linea sopportano per loro senza lamenti o esitazione. Questo libro vuole parlare ai giovani, vuole ispirarli a maturare perché siano in grado di compiere le stesse gesta. Vuole dimostrare che la *Frontkameradschaft* è più forte delle difficoltà, delle durezze e delle privazioni. Dovrebbe annunciare: la fede nel *Führer*, *Volk* e nel *Reich* ha reso possibile l'impossibile. Le parole sono diventate fatti:

Führer ordina, noi seguiremo!

L'anello dei sovietici!

Gennaio 1942: l'inverno più duro degli ultimi 150 anni raggiunge ad Est il suo apice. Il termometro mostra 52 gradi sotto zero. A questa lotta contro il gelo e la neve, che esige dai soldati l'impossibile, si aggiunge la crescente pressione delle masse sovietiche. I combattimenti a est di Cholm aumentano di giorno in giorno e si fanno critici. La resistenza dei difensori delle posizioni tedesche è dura e feroce. I bolscevichi pagano a prezzo di sanguinose perdite il terreno conquistato metro per metro. Ma nonostante le gravissime perdite, gettano avanti nuovi Battaglioni, nuovi Reggimenti. Per giorni, dal primo mattino alla tarda notte, i combattimenti si sono intensificati. L'aumento della pressione nemica incombe sulle numericamente inferiori guarnigioni tedesche, le quali creano tuttavia nuovi nidi di resistenza che continuano a fermare gli attacchi di massa sovietici. L'obiettivo dell'avversario è chiaro, vuole occupare Cholm, il punto cruciale per le operazioni future.
Inizia una gara! Da est, i sovietici cercano di raggiungere Cholm con l'uso senza remore di persone e materiali. A ovest verso Cholm, le truppe tedesche si concentrano rinforzando il settore del fronte. Le unità motorizzate stanno combattendo una battaglia disperata contro il gelo e la neve. Le strade

---

[10] Ricordiamo come alla fine del 1942 la maggior parte degli *Infanterie-Regiment* furono rinominati con il titolo onorario della tradizione militare prussiana di *Grenadier-Regiment* per ragioni di morale.

ghiacciate sono sepolte da spessi cumuli di neve. *Banditen* armati cercano di fermare l'avanzata. In laboriose marce nella neve in questi giorni di freddo intenso i fanti arrancano verso Cholm. Nonostante tutti gli ostacoli, l'obiettivo prefissato è raggiunto: Cholm rimane nelle mani tedesche. Non appena i mezzi sono scaricati, le frustate delle fucilate e delle raffiche di mitragliatrici spazzano la strada. Dei bolscevichi isolati e i partigiani si sono uniti a delle pattuglie su sci nemiche e cercano di prendere d'assalto la località. Il combattimento urbano infuria duramente: i bolscevichi devono sgomberare Cholm con le teste rotte.

Il *Generalmajor* Scherer arriva con il suo staff lo stesso giorno. La sua missione è: Cholm deve essere tenuta. Le colonne di rifornimento portano abbigliamento invernale, cibo e biada e cosa più importante, munizioni. L'unità di fanteria istituita per proteggere la *Rollbahn* dei rifornimenti entra in contatto con il nemico. I bolscevichi irrompono con forti truppe e tagliano i rifornimenti. Da sud e da nord le avanguardie sovietiche muovono all'assalto e chiudono l'anello intorno a Cholm. Tutti i collegamenti sono interrotti. La radio sarà ora l'unica comunicazione con il mondo esterno nei prossimi giorni difficili. Cholm è accerchiata! Gli attacchi sovietici stanno diventando più pesanti. La parte nord-occidentale della città cade nelle mani del nemico. I difensori sigillano immediatamente il punto di sfondamento. Gli uomini, alcuni dei quali sono inesperti nel combattimento ravvicinato, contrattaccano duramente e rigettano indietro ogni assalto nemico. I soldati del *Kampfgruppe Scherer* sono composti da sessanta diverse parti separate di unità o Reparti. Uomini dell'artiglieria, operatori radio e telefoni sono in difesa insieme a autieri della Marina, ufficiali di polizia della riserva, truppe di montagna e fanti. Gli amburghesi condividono i loro alloggi con gli stiriani – i sassoni con i württemburghesi. I berlinesi combattono fianco a fianco con i slesiani. Inoltre, non è facile per i gruppi separati delle unità comunicare nei primi giorni – ma una Volontà, un Ordine li unirà nei prossimi 105 giorni nel formare una Comunità di combattenti più forte della morte e del destino.

23 gennaio. "*Panzeralarm* ad est!" Undici carri armati marciano sulla strada a sud contro le posizioni all'uscita della città. Il caposaldo è sprovvisto di armi perforanti. È eretto uno sbarramento con slitte, carretti e sei mine che sono state trovate. È solo grazie al sangue freddo e all'abnegazione di un *Gefreiter* che questo decisivo attacco di carri armati viene bloccato. Alcuni giorni dopo. Una pattuglia su sci di uomini delle Alpi rompe l'accerchiamento nemico, portando a Cholm 200 uomini di un Battaglione *MG*. Il caposaldo riceve un significativo rinforzo da queste truppe fresche. L'avversario schiera sempre più forze, l'anello si chiude più stretto. In un contrattacco, la parte nord-occidentale della città viene ripresa: quell'intera parte della città è un unico mare di fiamme. L'annientamento e la distruzione segnano il percorso dei bolscevichi.

I tentativi di irrompere di notte dalla fanteria nemica vengono respinti con pesanti perdite per i sovietici. Su 200 uomini di una Compagnia attaccante, solo 30 o 40 uomini mettono in salvo le loro vite. Il resto cade davanti alla linea di battaglia principale. Senza trincee fortificate, i coraggiosi difensori del punto d'appoggio giacciono rannicchiati insieme in poveri buchi, dietro muri di neve, in rovine di case distrutte.

I bolscevichi si sono impossessati delle colonne di rifornimento presso l'aerodromo a ovest della città. Succede così che gran parte dei soldati, che si sono già dissanguati nelle battaglie precedenti e che per lo più non hanno portato con sé nulla da queste battaglie se non la loro uniforme e il loro fucile, non hanno letteralmente altro che ciò che le tasche del loro cappotto possono contenere. In quei giorni iniziava il rifornimento dall'aria. Cibo, munizioni, forniture mediche, biada per cavalli: tutto ciò che è necessario per vivere e combattere viene lanciato dai camerati della *Luftwaffe*. Nei primi giorni i rifornimenti erano insufficienti, e la razione giornaliera doveva durare per due o tre giorni: i sovietici non dovevano far morire di fame il Kampfgruppe.

Il Gruppe U. attacca

Al *Gruppe U.*, che ha iniziato l'attacco di soccorso da ovest, è stato ordinato di penetrare sino a Cholm. Il giorno dell'attacco e l'obiettivo sono concordati via radio con il Comando del *Kampfgruppe*. I difensori della "*Festung Cholm*" formano due munite truppe d'assalto con forza a livello di Compagnia per rompere l'accerchiamento dall'interno. Una sezione esplorante su sci delle truppe di montagna riferisce: "Nessun nemico su Quota 45.5!" e pone uno sbarramento tra Lovat e Kunja.

Il tempo sta peggiorando sempre di più. Il forte soffio della neve toglie qualsiasi vista. Lo sbarramento deve essere rinforzato. Nella neve profonda, si trascinano per ore uomini dietro uomini. Sotto pesanti carichi di armi e munizioni, i portatori cadono in buche e scivolano giù per pendii ripidi. Fradici di sudore nonostante il freddo pungente, raggiungono le posizioni previste. Ora è il momento di scavare buche nella neve alta un metro e creare trincee di collegamento. I serventi delle *MG* stanno, come tutti gli altri combattenti, dietro i muri rialzati di neve. È l'unica copertura su questa superficie bianca e infinita. Ma questi muri di neve proteggono poco dal fuoco della fanteria.

Le truppe dell'attacco di soccorso sono alle prese con le stesse difficoltà. Anche qui ci sono difficoltà nell'approvvigionamento di munizioni e nella fornitura di cibo. Le strade molto tortuose possono essere attraversate solo con slitte. I rifornimenti disponibili possono solo in parte essere inviati in tempo per l'attacco. Ma il tempo è breve: i bolscevichi stanno rafforzando l'anello giorno per giorno. L'attacco del *Gruppe U.* è nei tempi previsti. L'avversario, superiore in numero, difende duramente le singole posizioni. Finalmente, la *Rollbahn* è sgomberata combattendo! La Quota 72.7, tuttavia, è ancora occupata. Da qui i sovietici controllano tutta la via di comunicazione. La Quota deve essere presa. Gli attaccanti sprofondano nella neve farinosa. Fucili, pistole mitragliatrici e *MG* devono essere tenuti sopra la testa in modo che le canne rimangano libere dalla neve. I coraggiosi *Grenadiere* si fanno strada metro per metro. Ancora e ancora devono tuffarsi nella neve davanti alle raffiche delle *MG* nemiche. È impossibile trovare posizioni da cui si possa aprire un fuoco efficace sui bolscevichi. Vengono portati avanti rinforzi, ma nemmeno essi bastano a spezzare la resistenza nemica. L'attacco stalla!

All'alba le truppe lanciano un nuovo assalto. Dopo un breve sbarramento da parte dell'artiglieria, i combattenti scavano di nuovo attraverso le masse di neve profonde sul petto. Devono essere superati trecento metri di terreno scoperto. Alla feroce lotta contro un nemico superiore in termini di armi e numero si aggiunge quella contro una natura ostile. La battaglia infuria per ore e ore. Mortai e cannoni da fanteria distruggono i nidi di *MG* nemici. Arrivano dei rinforzi. Ma l'avversario usa anche le sue ultime riserve. Nel tardo pomeriggio, la lotta senza speranza si interrompe e i *Grenadiere* ritornano alle posizioni di partenza. Tutti i tentativi di soccorso sono falliti. Non a causa dell'avversario e non a causa della mancanza di potere combattivo del *Gruppe*, ma a causa del clima di questa era glaciale invernale. Il freddo paralizzante, la neve alta un metro ha impedito un successo decisivo.

Le truppe d'assalto nell'accerchiamento non possono neanche eseguire il loro colpo di mano su M., poiché il loro piano di attacco si basava sul supporto delle armi pesanti e della fanteria dall'esterno. Le truppe dello sbarramento sono esposte indifese al vento e alle intemperie. Già si sono verificati i primi casi di congelamento. C'è solo un pasto o caffè caldo al giorno. La strada per le posizioni è difficile e faticosa a causa della neve alta, ed è accessibile solo di notte a causa dell'osservazione nemica. La salute dei combattenti è in grande pericolo. Come previsto, la truppa ritorna all'ex linea di battaglia principale. I difensori ora sanno che la lotta per la liberazione sarà difficile e a costo di grandi sacrifici. Neve e freddo sono avversari imprevedibili.

Un venerdì nero

I costanti attacchi notturni del nemico sono finiti da giorni. Il rumore di motori nei settori est e ovest rivela un forte movimento dell'artiglieria sovietica, la fornitura di munizioni. Un venerdì mattina, alle prime luci dell'arma, "Ivan il grosso" – come viene soprannominata la Batteria nemica da 17.2 cm - inizia il fuoco d'efficacia. La grandinata di ferro colpisce le posizioni tedesche da tutte le canne, da tutte le direzioni. Mortai di tutti i calibri si aggiungono. La tempesta di fuoco aumenta di ora in ora. Ma la fanteria nemica viene falciata di fronte alla linea di battaglia principale dalle raffiche delle mitragliatrici tedesche, nonostante il continuo sbarramento nemico. L'inferno si scatena ancora nel pomeriggio! Un nuovo uragano di fuoco colpisce il caposaldo. I bolscevichi colpiscono sistematicamente casa dopo casa, strada dopo strada. Bruciano interi isolati di case. E con essi i posti di medicazione. I feriti possono essere salvati dalle case in fiamme solo a rischio della vita. I camerati gravemente feriti vengono portati in salvo nella neve e nel freddo, di solito vestiti solo con camicia e pantaloni, avvolti in coperte sottili. Per tutta la notte fino all'alba, i sovietici hanno battuto su Cholm con tutte le loro Batterie.

"Arrivano i carri armati!" Il grido d'allarme passa attraverso i ranghi dei combattenti. Senza armi perforanti, solo con un fucile e una carica concentrica, gli uomini stanno dietro le rovine della casa e aspettano i giganti d'acciaio avanzanti. Il tentativo di fermare l'attacco con fuciloni controcarro fallisce a causa delle spesse piastre d'acciaio dei mostri da 34 tonnellate. Ma ecco che il *Feldwebel* Sch. con la sua coraggiosa squadra trascina un vecchio *PAK* da una cantina. Mezzo rugginoso e dimenticato, stava in letargo lì. Munizioni e pezzo sono in ordine, manca solo l'ottica di puntamento. Culatta aperta, primo carro armato puntato attraverso la canna, granata dentro, fuoco! Il primo colpo è a segno! Di nuovo puntato attraverso la canna: secondo colpo, terzo colpo, quarto colpo! Sono a bersaglio sulla torretta. Il carro armato è fermo - l'equipaggio salta fuori dal portello aperto. Raffiche di *sMG* lo spazzano via. Il secondo carro armato si spinge avanti. Di nuovo, si punta attraverso la canna. Colpo dopo colpo va – il carro armato si ferma. I carri seguenti individuano la posizione del *PAK* e dirigono il loro fuoco su questo cannone. Il duello di fuoco è duro – l'unico pezzo *PAK* è sotto ad una superiorità multipla. I bolscevichi non erano preparati per questa difesa: i carri armati si girano. L'attacco è respinto! Respirando di sollievo, gli uomini posano di lato le loro cariche concentriche. Anche nelle ore di crisi dei giorni successivi, furono decisive le gesta combattive individuali. Si è strappata la vittoria. In questi giorni, i difensori possono segnare un grande successo: le Batterie d'artiglieria, poste fuori dal caposaldo a 12 km di distanza possono essere raggiunte e guidate via radio. Il loro fuoco di sbarramento e annientamento sarà spesso decisivo nei prossimi giorni! Da giorni, i *Ratas* si sono gettati nella battaglia terrestre. Coprono l'*HKL* con le raffiche mortali delle loro armi di bordo. L'unica difesa dei difensori sono le *MG* e i fucili – l'unico riparo le buche nella neve e i resti delle rovine. Sono richiesti aerei da bombardamento e caccia. La fanteria sovietica con il supporto dei carri armati irrompe nel cimitero settentrionale in un attacco notturno. Non ci sono riserve disponibili. I rinforzi necessari devono essere prelevati dai settori est e sud.

La *HKL* corre lungo la strada sud, immediatamente di fronte al posto di comando del *Kampfgruppe*. Un colpo in pieno sul posto di comando ferì anche il Generale Scherer, che mantenne il comando. I bombardieri tedeschi distruggono con le loro bombe gli assembramenti e aree di raccolta nemici. Nel mentre, gli aerei da trasporto atterrano. Portano tre cannoni *PAK*, un mortaio leggero e forniture mediche. Il seguente messaggio radiofonico viene ricevuto in questo giorno: "Il Führer ha conferito al *Generalmajor* Scherer la Croce di Cavaliere per la coraggiosa difesa. Invio le mie congratulazioni. Il Generale comandante".

La HKL attraversa la città

La linea di battaglia principale divide il resto della città a est, sotto le granate da settimane, in due campi desolati di rovine, apparentemente senza vita. La vita pulsa sotto i cumuli di macerie, negli scantinati delle case distrutte. I posti di comando dei settori di combattimento si trovano qui, direttamente dietro l'*HKL*. Qui sono i ripari e bunker dei combattenti. Qui cercano di dormire nelle poche ore di pausa dal combattimento. Il fuoco di disturbo delle Batterie nemiche riduce ancor di più il meritato riposo. La strada che conduce dalla chiesa alla prigione della *GPU* è deserta. Solo qua e là un portaordini si precipita dall'altra parte della strada per scomparire nell'apertura di una casa. L'avversario ha una buona vista sulla strada principale appena dietro l'*HKL*, e pone sotto il fuoco dei mortai e mitragliatrice ogni movimento. Delle teste intelligenti della guarnigione hanno creato un labirinto di corridoi. Dietro detriti e cumuli di macerie, sotto i resti delle rovine, un sentiero si snoda fino alle trincee più avanzate. Mimetizzati con paracadute, sono protetti dall'osservazione nemica. C'è sempre un andirivieni su questo stretto sentiero: i portatori di cibo e munizioni vanno avanti, i cambi delle trincee si spingono alle loro posizioni, i portaordini si precipitano ai posti di comando. E c'è un silenzio opprimente su tutto. È come se ognuno fosse in agguato su entrambi i lati della linea di battaglia principale per un movimento incurante dell'altro, solo per lacerare il profondo silenzio con uno sbarramento di colpi da tutte le armi.

Il silenzio sopra le rovine è inquietante, il cielo azzurro e pacifico sopra la città è inverosimile. Le nuvole bianche compaiono improvvisamente con uno scoppio luminoso. Shrapnel! Di tanto in tanto c'è il colpo smorzato di un mortaio nemico – seguito dall'impatto sferzante. Di tanto in tanto uno sparo di fucile riecheggia, il silenzio viene interrotto da brevi raffiche abbaiate da una mitragliatrice, e poi all'improvviso un fischio sibila a sfondare i timpani, fontane grigio-nere si alzano dalla neve, la terra trema nello schianto infernale – le Batterie sovietiche riprendono il loro fuoco di disturbo. Mentre il crepuscolo avanza, le voci isolate della lotta si condensano in una furiosa sinfonia. Una pioggia battente di acciaio e ferro si riversa sulle rovine della città, diventando sempre più fitta. I lampi di luce spazzano le facciate in frantumi delle case in una luce pallida e tremolante.

La tempesta di ferro si attenua. Ma tutti i sensi rimangono tesi. Cento orecchie ascoltano nella notte, un centinaio di occhi fissi sono sul terreno davanti, puntati sull'altra parte. La neve scricchiola e sorge un'ombra. Una sfera di luce strappa il velo della notte e illumina di bianco bluastro il terreno. Una truppa d'assalto nemica giace immobile a cinquanta metri dalle trincee. È individuata! Le mitragliatrici martellano, le bombe a mano detonano con fumo e rumore. Nessuno dei bolscevichi sfugge alle raffiche mortali. La sorpresa dell'avversario è fallita. Ora cerca di far avanzare i suoi fanti nel fuoco di protezione dei mortai. Ma ciò che la mitragliatrice prende, è perduto. Il raid notturno sovietico fallisce. L'attacco sventato dà nuova sicurezza ai difensori e rafforza la loro volontà di resistere.

Questo è il mondo dei combattenti di Cholm. Per settimane, gli uomini tengono la città contro i continui attacchi dei bolscevichi nonostante tutte le difficoltà, le durezze e i sacrifici di questa feroce, implacabile lotta invernale. Adempiono al loro dovere in piena abnegazione, qualunque cosa accada.

Il Giorno dell'Armata Rossa

I prigionieri sovietici dichiarano che un grande attacco è previsto per il 23 febbraio, giorno dell'Armata Rossa.

Il giorno dell'Armata Rossa è iniziato! Dall'alba, una tempesta di fuoco dell'artiglieria nemica spazza la parte orientale della città. Con le loro armi pesanti ammassate in gran numero, i bolscevichi cercano di ammorbidire le difese con ore di fuoco martellante. Quando il grosso di una Divisione fucilieri attaccò con la protezione di carri armati, fu respinta sanguinosamente dai difensori di molte volte inferiori di numero delle posizioni tedesche. Solo i carri armati riuscirono a penetrare e posizionarsi nella *HKL*. I nostri *Grenadiere* sfuggono abilmente alla crescente pressione nemica, ma poi si difendono saldamente dietro le pile di macerie e tra le rovine delle case e formano nuovi centri di resistenza. La guerra di casa pesante infuria nelle strade. Pezzo per pezzo, i bolscevichi devono guadagnarsi sanguinosamente il terreno duramente contestato al prezzo di perdite elevate. I messaggi radio richiedono il rapido spiegamento degli aerei da bombardamento. Le Batterie nemiche riducono fila dopo fila di case in fiamme. Parte del settore orientale viene evacuato. La battaglia per la prigione della *GPU*, il punto chiave della parte orientale, è particolarmente dura. I carri armati nemici si fanno sotto a brevissima distanza. Centinaia di colpi dai loro cannoni ci inseguono tra le rovine. Indifesi contro questi colossi d'acciaio, la coraggiosa guarnigione è spinta dietro le macerie e nei buchi nel terreno. Ora attacca la fanteria sovietica. Ma non ha considerato la volontà di resistenza dei difensori. Un'ondata dopo l'altra cade vittima di mitragliatrici tedesche. Una *MG* tace! Il nemico assalta numeroso e senza considerazione delle perdite e sfondano nonostante il fuoco dal fianco. I *Grenadiere* sigillano immediatamente il punto di irruzione e respingono l'avversario in un feroce combattimento ravvicinato. I bolscevichi continueranno ad attaccare con immutata durezza nei giorni successivi.

Le Batterie nemiche cercano di distruggere le posizioni tedesche con tutte le armi. Ora le unità di *Stuka* intervengono nell'aspra battaglia difensiva. Bombardano le posizioni di tiro dei nemici e i nidi di resistenza con le bombe. Con le loro potenti armi di bordo, distruggono gli assembramenti di truppe e colonne del nemico. Gli aerei da trasporto portano parte di una Compagnia per rafforzare il caposaldo. Il freddo forte e persistente e le tormente di neve rendono difficile il decollo dell'aeromobile. Le Batterie nemiche sparano contro l'aeroporto. Nonostante tutte le difficoltà, gli aerei pronti al decollo riescono a decollare con i feriti. I bolscevichi attaccarono diciotto volte in due giorni, sei supportati da potenti forze corazzate e diciotto volte il nemico fu respinto con elevate perdite sanguinose. Non la superiorità delle armi, ma i cuori coraggiosi hanno vinto. Su segnalazione preliminare del Generale Scherer, il Führer ha conferito all'*Oberleutnant* Werner la Croce di Cavaliere della Croce di Ferro per le sue azioni eccezionali e la sua trascinante capacità di comando.

La severità della battaglia difensiva continua ed è aggravata dall'inimmaginabile inverno polare. Il freddo, che in questi giorni spinge il mercurio del termometro fino a 40-46 gradi sotto zero, è il destino e la fine, di così tanti camerati. Il sole di mezzogiorno con i suoi raggi che riflettono intensamente è anch'esso senza alcuna traccia di calore. Gli indumenti invernali dei combattenti sono finiti in parte bruciati negli alloggi o erano ancora nelle colonne di rifornimento che i bolscevichi catturarono. Giorno dopo giorno e notte dopo notte, gli uomini stanno combattendo il nemico senza interruzione. Le lesioni da congelamento lacerano vuoti insostituibili nella forza di combattimento dei difensori. Ora dopo ora, alla guarnigione vengono richieste sempre nuove prove di sacrificio e eroismo. Le truppe d'assalto cercano di arrivare sino ai caposaldi per distruggerli con potenti cariche esplosive. Nessuno dei bolscevichi a far arrivare il suo carico mortale a più di dieci metri dalle postazioni. Le posizioni tedesche sono circondate da centinaia e centinaia di sovietici caduti. L'enorme dispendio di armi inizia a preoccupare i bolscevichi. Nel buono della notte, distaccamenti speciali cercano di recuperare armi e munizioni dai caduti. Ma anche questo è sventato dagli accorti combattenti tedeschi.

Questa era la situazione a Cholm all'inizio di marzo, quando il *Kriegsberichter* Richard Muck arrivò via aereo al *Kampfgruppe Scherer*.

Se vi è qualcosa,
più potente del Fato,
quello è il Coraggio,
che conduce risoluto.

Emanuel Geibel

Il combattente dell'inverno 1941/42

diede formidabile prova di sé nei 105 giorni dell'accerchiamento di Cholm.

Nel mezzo di Cholm

corre a est la *HKL*. Mucchi di rovine costituiscono la cintura difensiva. Giorno dopo giorno, notte dopo notte, il pesante fuoco dei mortai e dell'artiglieria sovietica batte queste rovine. I combattenti possono spostarsi di riparo in riparo solo di corsa, esposti come sono all'osservazione nemica.

"Pronto allo scatto"

Si sta costantemente di guardia, pronti a osservare e contrastare i movimenti del nemico. Ampio spazia lo sguardo sul terreno davanti alle linee.

La "Chiesa a est",

uno dei punti più duramente combattuti. Sempre bersaglio dell'artiglieria sovietica. I muri di neve costruiti dalla guarnigione della trincea sono alti metri.

Blocchi di neve, solo blocchi di neve

impilati a costituire un muro costituiscono la linea difensiva presso la "*Haarnadelkurve*", giorno e notte i fanti sono qui pronti nonostante il freddo feroce. Il termometro segna spesso -40° o anche meno.

A 400 metri di distanza vi è la HKL

Le trincee di collegamento, in parte mimetizzate con paracadute, portano al bunker di neve del comandante delle truppe da combattimento.

Di guardia!

Nelle posizioni più avanzate a sudest, i *Gebirgsjäger* hanno costruito con le travi e assi delle case distrutte dei primitivi bunker e postazioni di *MG*.

Tattiche sovietiche

Essi si avvicinano strisciando nella neve alta quanto un uomo sino a 30 metri dalle trincee tedesche più avanzate. Quindi all'alba si lanciano all'assalto contro le posizioni con grida di "Urrà!". Ma anche questa tattica d'attacco si infrange contro il sangue freddo e la presenza di spirito dei nostri soldati in trincea. La neve, anche qui solo qualche metro di neve è l'unico riparo dal fuoco nemico di questi combattenti.

L'ottavo attacco nemico ora

I sovietici attaccano ancora. Il fuoco dei mortai nemici batte vicinissimo. È ora l'ottava volta. E anche questo attacco fallisce. Le ondate di fanteria sovietica si infrangono nelle raffiche delle *MG*. Il terreno ghiacciato è duro come pietra. I serventi giacciono dietro dei semplici muretti di neve. Per rafforzarne le difese, nel perimetro orientale dell'aeroporto è stato collocato un anello difensivo di automezzi.

La necessità aguzza l'ingegno!

Menti creative hanno ricavato una rudimentale stufa da un vecchio barile di benzina. Nei ruderi dell'ingresso di una casa distrutta si riscaldano di nuovo le ossa e lo spirito. Turni di guardia di 24 ore a -45° sotto lo zero fanno grandi richieste ai difensori.

Combattente di Cholm

Il *Leutnant* B., ufficiale addetto alle trincee e comandante di truppe d'assalto. I combattimenti difensivi invernali non hanno mancato di lasciare traccia sui soldati. Sono diventati più duri e implacabili. Parlano una nuova lingua, prima loro ignota.

"Con 35 gradi di freddo

una sigaretta può diventare un salvavita. Spesso rimpiazza cibo e sonno", chiarisce ridendo il fante della guarnigione di una trincea.

Una barba di 50 giorni ci squadra

Nelle poche ore di tempo libero il fucile lascia lo spazio al blocco degli schizzi.

Uomini della Luftwaffe

Il pilota di un velivolo da trasporto incapace di decollare e il suo "fuochista"[11] stanno anche essi nei ranghi degli instancabili combattenti.

---

[11] Il pilota di aliante *Go 242 Obergefreiter* Hans Weber (a destra) il copilota e ingegnere di bordo *Gefreiter* Otto Moeller.

Cambio, avanti!

Davanti al "*Judentempel*" marcia il cambio per il "*Ritterburg*"[12]. Lo "*Judentempel*", punto ben visibile nel profilo del terreno a oriente è il bersaglio giornaliero delle Batterie sovietiche.

Ora bisogna attraversare di corsa una piazza aperta e senza copertura. Mitraglieri nemici osservano il terreno e aprono il fuoco contro ogni movimento.

---

[12] Tradotto letteralmente "Castello del cavaliere", ma riferimento al comandante del caposaldo, il coraggioso *Oberleutnant* Hans-Joachim Ritter. Il caposaldo, l'edificio di due piani di una banca, posto sulla strada principale del settore est, era presidiato dagli ex artiglieri, ora fanti, di Ritter. Per la brillante difesa del caposaldo, Ritter fu insignito della Croce tedesca in oro.

Intorno al "Ritterburg"

Nella distesa di rovine davanti a noi si sono condotti combattimenti di indescrivibile durezza. Nel buio della notte, delle truppe d'assalto sovietiche hanno tentato di far saltare in aria il "*Ritterburg*". Quando l'attacco è stato scoperto, essi si ritirarono prontamente sotto le carcasse dei veicoli. Un contrattacco si svolse quindi tra le carcasse, con un terribile combattimento ravvicinato con bombe a mano e pistole mitragliatrici.
Sullo sfondo la prigione della GPU, il duramente disputato punto focale della difesa tedesca (secondo rudere da sinistra).

Con macerie e travi

i difensori costruiscono dei ripari antischegge alle entrate delle loro posizioni. Ma il fuoco d'artiglieria nemico è più forte. Dopo ogni sbarramento d'artiglieria devono essere rimessi a posto.

In queste rovine vivono i difensori!

Nelle cantine delle case scoperchiate, dietro le facciate distrutte e sotto metri di detriti alloggiano gli uomini del *Kampfgruppe*, mentre i loro camerati montano la guardia. Nonostante il fuoco di disturbo nemico prosegue la partita di Skat. Per poche ore sono così dimenticate angosce e sofferenze, freddo e privazioni.

Cinque settimane dopo!

Questo è l'aspetto delle case di Cholm cinque settimane dall'inizio dei combattimenti! A sinistra il primo Posto di comando del comandante in capo del *Kampfgruppe*, dal quale fu il personale del comando fu poi cannoneggiato fuori. Fu qui che il Generale Scherer rimediò la sua ferita dietro la testa. L'ingresso della casa è mimetizzato da un paracadute, ma ciò non impedisce ai sovietici di rendere la strada impassabile tramite il fuoco di mitragliatrici. La rovina sulla destra è stata soprannominata dai soldati la "Villa dell'ultima speranza". E a volte neanche dell'ultima speranza.

Dovunque arrivi lo sguardo –

I resti di automezzi e case distrutte,
un luogo di combattimento e orrore.

Dopo i duri combattimenti di febbraio

il Führer conferisce al *Generalmajor* Scherer la Croce di Cavaliere della Croce di Ferro il 20 febbraio tramite un messaggio radio. Due Croci di Cavaliere aviolanciate furono perdute. Una terza fu recapitata con un aereo da trasporto. Nella fiera consapevolezza di portare questa decorazione per i suoi coraggiosi soldati, il Generale accetta la Croce di Cavaliere dagli ufficiali di stato maggiore del suo *Kampfgruppe*[13].

---

[13] In questo scatto, eseguito da Richard Muck dopo il suo arrivo nella sacca a marzo, il Generale Scherer e i suoi ufficiali inscenano a favore del fotografo il conferimento dell'alta decorazione, già avvenuto a febbraio, cosa che suscitò l'ilarità di tutti i coinvolti.

La "Prigione GPU"

Questa fotografia, che da nordovest guarda al punto chiave della difesa nel settore est, rivela la durezza dei combattimenti che qui si svolgono. Con un coraggio senza pari i combattenti difendono da mesi questa distesa di rovine.

Centinaia di granate...

cercano di spezzare la resistenza dei difensori. Uno scorcio del Settore C (Sudest) dalla *GPU* mostra gli effetti del fuoco dell'artiglieria nemica in tutta la loro devastante estensione.

Ogni ora libera...

I difensori della *GPU* usano assi e pietre per barricare le finestre dei ricoveri ricavati nei piani terra come protezione dalle schegge.

Combattimento notturno!

Nella notte scura e senza luna, il nemico attacca di sorpresa dopo una pesante preparazione d'artiglieria. Tre carri armati nemici arrivano nelle immediate vicinanze! Nella GPU vorticano da tutte le parti schegge e pezzi di macerie scagliati dalle granate che esplodono. Premuta tra i mucchi di pietre, giace la guarnigione del caposaldo. Il fuoco dei carri armati cessa. La fanteria nemica attacca. Sono già al primo piano. Ora inizia uno scambio di bombe a mano uomo contro uomo. Solo sangue freddo e cuori coraggiosi possono vincere qui! All'alba il nemico è battuto. Più di mille bombe a mano sono state impiegate da un pugno di uomini in questa notte!

"Terra di nessuno" davanti alla GPU

Una parte della città è stata rasa al suolo. Un uragano di fuoco di ferro, morte e rovina annienta ogni vita umana. Metro dopo metro viene arato con acciaio rovente. Quello che le granate non fanno crollare, il fuoco lo divora. I sovietici cercano in sempre nuovi assalti di mettervi piede. Le linee nemiche qui sono a meno di 30 metri. Dietro i resti delle staccionate corrono delle trincee di collegamento da cratere di bomba a cratere di bomba. Tiratori scelti siberiano sono in agguato. Sullo sfondo: a destra "Kino", a sinistra "Schmiede", due obiettivi che ogni combattente di Cholm conosce.

L'osservatorio "Colpo alla testa"[14]

Tra gli ammassi di macerie della GPU vi è il posto d'osservazione. L'aria qui è densa. Da qui si possono osservare in profondità i movimenti del nemico. Enormi sono gli sforzi dei sovietici contro questa posizione chiave. Se questo caposaldo cadesse nelle mani del nemico, esso potrebbe rastrellare l'intera linea difensiva!

---

[14] Nel testo "*Kopfschuß-B-Stelle*"; *B* = *Beobachtung*, osservazione.

Verranno?

L'*Hauptmann* Biecker, a capo del piccolo gruppo nella GPU, scruta pensieroso l'orizzonte, da dove devono apparire i bombardieri tedeschi assegnati. Sono state individuate delle posizioni d'assembramento sovietiche di carri armati e fanterie. I difensori di Cholm non hanno artiglieria disponibile. È la *Luftwaffe* che deve entrare in campo, e fare a pezzi gli assembramenti nemici.

Dura e ancor più dura...

è la battaglia per la "GPU". In un contrattacco è stato appena conquistato il cratere della bomba di uno *Stuka*. Subito vi è posto un avamposto con una *MG*. A soli 25 metri vi è la posizione nemica.

La ronda mattutina dell'Ufficiale alle trincee

Di cratere di granata in cratere di granata, egli ispeziona le posizioni di combattimento del suo settore. Il terreno attorno alla "GPU" è senza alcun riparo. Tutto è stato fracassato dalla grandine di ferro delle Batterie nemiche. L'avvicendamento dei presidi è una gara tra la morte e la vita.

Il giorno speciale per il difensore della "GPU"

Il 20 marzo l'*Hauptmann* Biecker era insignito dal Führer della Croce di Cavaliere della Croce di Ferro. Questo in riconoscimento per l'esemplare condotta dei suoi soldati e per le sue trascinanti doti di comando in azione e della sua personalità, che sono state essenziali per mantenere il possesso dell'intero caposaldo. In profonda, calorosa amicizia, glie la presenta il *Generalmajor* Scherer.

Bombardiere sovietico abbattuto!

Il *Gefreiter* M. racconta: Questo è soprannominato il "Fantasma della notte", il "Trattore del Collettivo" e "Anatra zoppa". Stavamo tutti avvolti nei nostri ripari, quando lo sentiamo ronzare. L'"Anatra zoppa" è qui di nuovo! Nella notte rischiarate dalla Luna appare di notte in notte. Nonostante gli enormi crateri non è preso sul serio. Ma una volta lo acciuffiamo: le nostre mitragliatrici pesanti gli crivellano i serbatoi di benzina e olio. L'"Anatra" ha le ali impiombate e deve fare un atterraggio di emergenza nel nostro caposaldo. Ora per qualche notte possiamo riposare.

HKL sfondata!

Nel nord (Settore L) i bolscevichi sono riusciti a sfondare con l'aiuto di un carro armato. L'unico cannone *PAK* di questo settore mette fuori combattimento il carro armato con pochi colpi. In un audace contrattacco il nemico è sconfitto e la linea principale di combattimento ripresa. L'Ufficiale del settore è nella posizione con il suo presidio. Anche qui l'unica e sola protezione è data da muri di neve.

Posto di comando del Kampfgruppe

Dietro le finestre barricate lavora il Generale Scherer e i suoi ufficiali di stato maggiore. La neve davanti al posto di comando è tinta di rosso e nero dagli innumerevoli impatti e detonazioni di granate. La polvere delle macerie e dei mattoni ricopre con uno spesso strato le superfici.

Giorno e notte a lume di candela!

Nella tremolante luce delle candele, l'"*Ia*" *Oberstleutnant* von Bodenhausen rivede il rapporto della situazione arrivato. Durante le ore delle grandi offensive nemiche, la posizione del nemico cambia ogni ora.

12 metri quadrati = 18 uomini!

L'"*Ic*" non conosce riposo. Come gli uomini nelle trincee più avanzate, anche gli ufficiali del Comando sono in uniforme giorno e notte. Ininterrottamente giungono al *Major* Grabs Rapporti telefonici. Tre, quattro telefoni suonano spesso contemporaneamente. I messaggi radio ronzano nella stanza – portaordini vanno e vengono. Solo 12 mq è grande la stanza dove temporaneamente devono vivere e lavorare sino a 18 uomini.

```
Kampfgruppe Scherer
   Kommandeur
———————————————        Div.Gef.Stand, den 3.März 1942


                    Tagesbefehl!
                    ————————————

Kameraden, der Führer hat uns folgenden Funkspruch
geschickt:

    „Verteidiger von Cholm!
    Mit tiefer Dankbarkeit begleite ich Euren Helden-
    kampf um Cholm. Eure tapfere Verteidigung der Stadt
    stellt einen Schlüsselpunkt sicher, der für die er-
    folgreiche Wiederaufnahme unserer Operationen von
    grösster Bedeutung ist. Ich bin daher überzeugt,
    dass Ihr unter Eurem unerschrockenen Kommandeur,
    Generalmajor Scherer, auch weiterhin Cholm gegen
    die Bolschewisten halten werdet, bis die Stunde
    unseres Angriffs und damit Eure Befreiung gekom-
    men ist.
                        gez. Adolf Hitler."

Ihr wisst nun, worum es geht; wir werden den Führer
nicht enttäuschen.
```

Il Führer pensa a noi!

Questo pensiero di ringraziamento, la consapevolezza che il Führer si preoccupa degli uomini di Cholm, dà ai difensori nuova fiducia e volontà di resistenza.

Kampfgruppe Scherer
   Comandante
———————————————
                                            Posto di C.do Div., il 3 marzo 1942

                    Ordine del giorno!
                    ——————————————————

Camerati, il Führer ci ha inviato il seguente messaggio radio:

"Difensori di Cholm!

Con profonda gratitudine seguo il vostro combattimento eroico presso Cholm. La vostra coraggiosa difesa della città preserva in sicurezza un punto chiave, di massima importanza per la vittoriosa ripresa delle nostre operazioni. Sono quindi convinto che voi, sotto il vostro intrepido comandante, il Generalmajor Scherer, continuerete a tenere Cholm contro i bolscevichi fino a quando sarà venuta l'ora del nostro attacco e della vostra liberazione.

f.to Adolf Hitler."

Ora sapete di cosa si tratta; non deluderemo il Führer.

Una cassettiera come scrivania

Nella "Baita", lavora il Generale. Il Generale Scherer ha installato il suo posto di lavoro sopra le teste dei suoi ufficiali di stato maggiore. Una vecchia cassettiera è la sua scrivania. I suoi pensieri ruotano senza pausa attorno ad un unico punto: il trovare nuovi mezzi e modi per tenere Cholm.

Viviamo dall'aria!

Punti scuri appaiono in cielo. Il *Generalmajor* Scherer e il suo *Ic* seguono il volo dei bombardieri da rifornimento, i quali nelle prime ore del mattino lanciano rifornimenti e munizioni. Dai primi giorni dell'assedio, i difensori vivono dall'aria.

La zona di lancio è grande solo 200x500 m! I piloti degli aerei sanno che per assicurare il sostentamento del *Kampfgruppe* è richiesto il massimo. Quello che non è ben diretto nella zona di lancio, è perso nella neve o cade presso i sovietici. Nonostante il furioso fuoco d'interdizione della contraerea nemica, i velivoli scendono a bassa quota e lanciano il loro carico con precisione. In alcuni giorni sono paracadutati sino a 200 contenitori aviolanciabili[15].

---

[15] In tedesco, *Versorgungsbomben*, abbreviato più avanti in *V.-Bomben*, NdC.

Vista a volo d'uccello

La "*Haarnadelkurve*" vista dall'aria. Tra le linee di case, che ospitano i feriti, vi è la zona di lancio. Sullo sfondo si snoda il fiume Lovat, e dopo il cimitero a ovest con la chiesa e la linea difensiva principale tedesca. Tra le sterpaglie sullo sfondo si annidano già i sovietici.

A rischio della vita

spesso si devono recuperare i contenitori. La maggior parte delle volte i sovietici tirano shrapnel sulla zona di lancio, per disturbare il lavoro delle squadre di recupero. Quando i contenitori aviolanciabili di rifornimenti cadono nella terra di nessuno, delle pattuglie d'assalto escono per assicurarsi questi beni preziosi. Il rifornimento dall'aria è essenziale per la resistenza del *Kampfgruppe*. Uno viene dolorosamente perso: la posta da casa. Molti dei soldati non hanno notizie dei propri famigliari da quattro mesi.

Il fedele camerata,

il cavallo, anche nel recuperare le *V.-Bomben* è un instancabile aiutante. Con inaudita tenacia compie il suo lavoro quotidiano. Di notte porta rifornimenti e munizioni. In particolare, durante i pesanti attacchi dei sovietici, che per maggior parte si svolgono di notte, i cavalli devono portare in mezzo al fuoco nemico e sul ghiaccio i pochi pezzi *PAK* al punto focale dell'attacco nemico. Il nemico peggiore del cavallo è l'esaurimento per fame. La biada è carente. E deve essere portata con contenitori aviolanciabili. La razione per questa enorme mole di lavoro è per gli uomini una barretta di cioccolata. Non è disponibile nient'altro. Gli animali danno volentieri le loro ultime forze nell'adempimento fedele del dovere.

Facce felici

si possono vedere nel magazzino dei rifornimenti. Ora ci sono di nuovo abbastanza pane, burro, carne! Sono arrivati anche gli agognati tabacchi e le urgenti munizioni per *PAK*, mortai e *MG*. Il deposito di munizioni è mimetizzato con paracadute.

Doni di cuore dall'aria!

L'*Assistenzarzt* Dr. Huck e l'*Unterarzt* Dr. Göpfert sono entusiasti dei doni della *Luftwaffe*, che saranno dati in doppia razione ai camerati feriti gravemente. Gli equipaggi degli aerei da rifornimento hanno raccolto con i loro mezzi dei pacchetti di cibarie per i loro camerati duramente impegnati e li hanno lanciati su Cholm unitamente ad un affettuoso messaggio accompagnatorio.

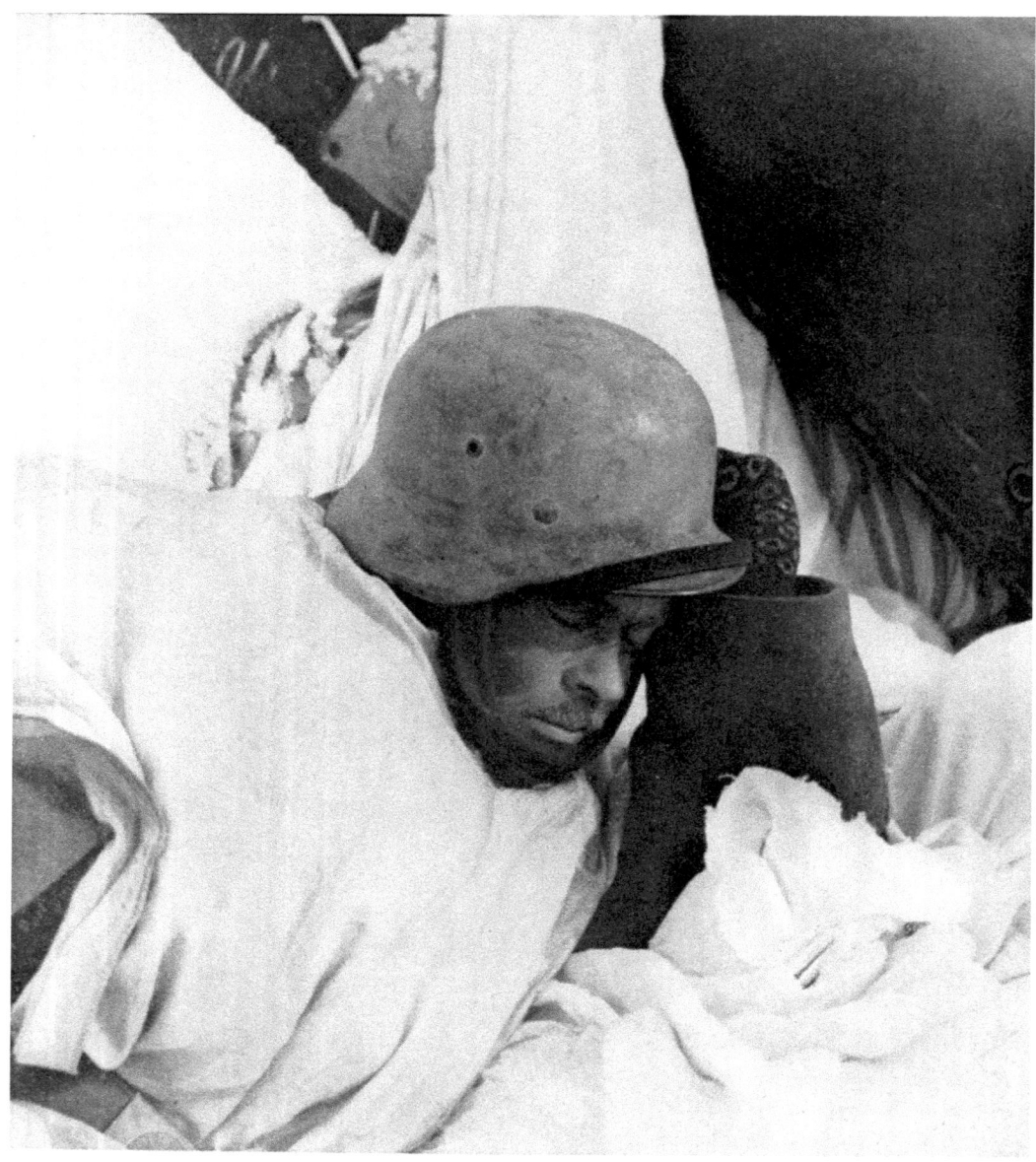

Solo un quarto d'ora...

...di riposo dietro un mucchio di *V.-Bomben* vuote per il recuperatore di contenitori, prima che arrivi la prossima *Kette*[16]. Giorno e notte deve essere pronto.

---

[16] "Catena", una formazione a "V" di tre aerei.

Giorno dopo giorno

Lo sguardo del Generale va a ovest. Dal suo osservatorio guarda l'attacco dei bombardieri, che devono aprire la strada alle truppe di soccorso. Da qualche settimana solo pochi chilometri separano i fanti tedeschi e i *Panzer* dal rompere l'accerchiamento di Cholm. Ma la neve è alta sino al petto e impedisce la riuscita dello sfondamento dei liberatori.

Bombardieri attaccano!

Colonne di terra all'orizzonte annunciano l'attacco dei bombardieri tedeschi, che appoggiano l'assalto del *Gruppe U*. Un portaordini consegna proprio ora il rapporto della situazione: fanteria sovietica attacca a est, Settore H.

Tentativo invano!

Nella grandine di granate ad alto esplosivo si infrange l'attacco bolscevico.

Perdite – dappertutto perdite!

I combattenti portano su slitte i loro camerati feriti al posto di medicazione. Ogni giorno diminuisce il numero dei difensori.

Portatori di razione in avanti!

L'ufficiale alle trincee avverte gli uomini delle cucine campali dei passaggi in vista del nemico.

Con la protezione di capanne,

rovine e muri di neve i portatori procedono avanti. Sebbene in un settore la cucina da campo sia bruciata due volte e bombardata quattro volte, i soldati nelle trincee ricevettero già il giorno dopo il loro mangiare caldo, e il suo caffè caldo! A causa delle avverse condizioni meteo i bombardieri da rifornimento restano a terra e l'ordine arriva: "Le vettovaglie per l'oggi devono arrivare anche a domani", così i camerati delle cucine sanno ancora cosa fare. In un altro settore – nonostante gli attacchi nemici – notte dopo notte, viene fornito stufato ben condito e la mattina ore quattro the caldo. A rischio della vita i portatori consegnano il cibo sin nelle trincee più avanzate.

Pendii ghiacciati

Gli argini del Lovat sono alti più di 30 metri. I profondamente incisi fiumi Kunja e Lovat dividono il caposaldo in tre settori, rendendo difficili rifornimenti e collegamento. Poiché i cavalli non possono superare il pendio ghiacciato, i combattenti trasportano nel loro tempo libero i sacchi di vettovaglie e le casse di munizioni.

È arrivata Pasqua!

Abbiamo resistito 75 giorni! I camerati della *Luftwaffe* inviano i loro auguri di Buona Pasqua dipinti sui contenitori aviolanciabili e taniche contenenti *Schnaps* per le truppe. Su ordine del Generale, i corroboranti alcolici sono donati ai camerati feriti.

Uova di Pasqua – vere Uova di Pasqua!

Sei *V-Bomben* contengono uova sode. Atterrate indenni, danno grande felicità nelle trincee e nei bunker. La sola consapevolezza di essere nei pensieri dei propri camerati, conferisce ai combattenti nuova forza di resistenza.

Un nuovo insignito della Croce di Cavaliere!

L'*Oberstleutnant* Manitius, comandante delle truppe da combattimento, riceve come gradita sorpresa pasquale la Croce di Cavaliere della Croce di Ferro e la promozione a *Oberst* in riconoscimento dei suoi meriti e per la riuscita difesa dei caposaldi.

Sulla strada

per il posto di comando reggimentale si congratulano con lui Ufficiali e truppa.

Pattuglia d'assalto in avanti!

È composta di volontari, incaricati di ripulire la linea difensiva a nord, distrutta nella notte e di irrompere nel sistema di bunker presso il cimitero. Bassi muri di neve sono l'unica protezione al procedere. Secondo la testimonianza di dei disertori, un centinaio di sovietici difende il cimitero. Sono arrivate truppe fresche. Si dice siano molto attive.

Nella trincea

gli uomini della sezione d'assalto attendono accucciati l'ordine di attacco dei propri capi. Anche qui avieri e fanti stanno fianco a fianco.

Il Kriegsberichter racconta:

"Attraverso le vecchie posizione piene di neve ci facciamo strada verso il cimitero. Gli *Stuka* bombardano ancora i bunker. Un attimo dopo questa immagine, fatta mentre ero con le spalle al nemico, il capo arma tiratore della *MG* ci richiama: "Attenzione! – sovietici nelle fosse 50 metri davanti a noi! Giù!" Mi getto steso a terra, il tiratore alza di scatto la MG e spara ai sovietici irrotti". – La precedente *HKL* viene ristabilita. Procedendo oltre riceviamo un forte fuoco dal fianco dal limitare del bosco, così dobbiamo rimandare alla notte la conclusione della nostra operazione…"

Grande è la felicità

della guarnigione delle trincee quando sente del successo dell'operazione. Di giorno e di notte queste buche nella terra fungono da rifugio per questi combattenti, anche quando il termometro indica temperature inferiori a - 40° sotto zero.

Cholm, lo scheletro di una città

Devastazioni e distruzioni sino a dove l'occhio può arrivare. Macerie di case distrutte, facciate annerite dal fuoco. Punto di mira delle Batterie nemiche è la chiesa nel settore est. Un tempo deposito di viveri – ora osservatorio degli osservatori avanzati d'artiglieria.

Centinaia di colpi a segno di grossi calibri

hanno fracassato la torre campanaria della chiesa. Ma sotto le macerie alte un metro della cripta si trova come prima il posto di comando di Battaglione dell'*Hauptmann* Otto Heister.

I resti distrutti

della "*Weisse Haus*" sono il posto di medicazione avanzato e il ricovero di una guarnigione di trincea nella parte orientale di Cholm. Le cucine da campo sono mimetizzate contro l'osservazione nemica. Qualche giorno più tardi, anche questo rudere è stato distrutto da un colpo in pieno. A destra, il precedente posto di comando del *Kampfgruppe*.

Inizia il disgelo!

Il tempo peggiora. La nebbia sale. Inizia a sgelare. Gli attacchi di fanteria dei sovietici si fanno più violenti. Ora bisogna di nuovo assicurare avanti un ininterrotto flusso di munizioni.

I muri di neve crollano

su se stessi. Faticosamente, la guarnigione della trincea cerca di scavare nella terra ancora ghiacciata. Ma il terreno è duro come pietra. Nello sguardo dei soldati si riflettono i duri mesi dei combattimenti difensivi invernali.

Sgela ancor più forte!

Ora si devono di giorno in giorno rendere più profonde le trincee e dedicare ogni minuto libero alla costruzione delle posizioni.

Spalare, spalare!

Presto ci sono le prime pozze d'acqua. Gli stivali di feltro non possono più asciugare. L'acqua di fusione sgorgante incessantemente dai muri d'acqua scorre giorno e notte nelle trincee.

Tutto lo spalare è in vano!

Nella notte il rialzarsi della temperatura ha sciolto le masse di neve. Le trincee si sono riempite d'acqua sino all'orlo. Miseri mucchi di macerie, rinforzati con travi e assi, sono ora l'unico riparo. I tratti di trincea, aperti e in vista del nemico, sono messi sotto il pesante fuoco delle MG nemiche ad ogni avvicendamento o rifornimento di munizioni o cibo.

Dappertutto la stessa immagine

In tutte le posizioni, le trincee sono invase dall'acqua. Il nido di MG ha dovuto essere costruito di nuovo, dietri dei vecchi resti di neve. Nei bunker alloggio, l'acqua è alta 60 cm. Gli uomini giacciono su delle alte reti a doghe. Si è dovuto evacuare parte dei rifugi.

Il ghiaccio si rompe!

I banchi di ghiaccio ricoprono il fiume. I portaordini diretti al posto di comando reggimentale devono superare il corso d'acqua. La lunga asta serve per impedirgli di sprofondare se scivolassero nell'acqua.

Il primo bucato

In molti mesi. Con incrollabile ottimismo i soldati lavano nel fiume il loro vestiti, che non avevano potuto cambiarsi per mesi. Di solito l'unica camicia che possiedono. Tutti i vestiti e corredi e oggetti di tutti i giorni, come spazzolini da denti, corredi di rasatura e set da cucito etc. finirono perduti negli incendi degli alloggi.

20 gradi di caldo!

Il "Generale Inverno" deve ritirarsi perdente. La primavera porta nuova speranza. La fiducia in una veloce liberazione fa più vivaci. Specialmente i feriti, parte dei quali è dovuta rimanere in case sovraffollate e esposte all'artiglieria nemica.

Il sole ispira alla "caccia"

Il tempo libero nelle pause del combattimento è dedicato ai bagni di sole e alla "caccia ai partigiani[17]". La leggenda dice: Ogni soldato a Cholm che si rispetti ha in media sei pidocchi! Ma la media reale secondo "comunicazioni riservate" è nell'ordine degli alti decimali.

---

[17] *Partisanenjagd* nel testo, si riferiscono scherzosamente allo spidocchiamento, NdC.

La ben tenuta "sciarpa di Cholm"!

La "sciarpa di Cholm" è cucita da resti di seta da paracadute. È tenuta con grande cura, perché preserva dal laborioso spogliarsi per i pidocchi. Ogni mattina nel fazzoletto da collo si trovano gli "uccellini".

Apparato di disinfestazione autocostruito.

Due sezioni di *V-Bombe* (contenitori aviolanciabili) costituiscono un apparato di disinfestazione. Nella parte in alta vanno i vestiti infestati. La parte in basso è riempita a metà d'acqua, che viene fatta scaldare sul fuoco. Il vapore prodotto garantisce la sterilizzazione dei vestiti, che sono poi estratti e asciugati in pochi minuti.

Stufa da trincea

Ricavata dal guscio esterno dei contenitori aviolanciabili. Semplice – come l'intero ricovero, costituito da una buca nella terra, assi e da un telo tenda.

Pane tostato!

Una sezione delle *V-Bombe* è impiegata qui come forno portatile, utile per il caffè caldo o tostare il pane.

Il ramaiolo

in stile Cholm: un mestolo fissato con dello spago a una baionetta.

"Pescatore sportivo!"

Ora che il ghiaccio sul Lovat è scomparso, i "pescatori sportivi" arricchiscono la carta del menù.

Verso il posto di medicazione principale

La lotta alla morte!

La sala operatoria è in una stanza scarsamente protetta. Il tavolo operatorio è sostituito in una slitta di legno sollevata. Per cinque volte questa stanza è stata perforata da granate controcarro. Giorno e notte, spesso a lume di candela, si amputa, si suturano vasi sanguigni, si estraggono schegge di granate e sono cambiati bendaggi. Si ricavano le bende tagliando a strisce i paracadute delle *V-Bombe*. Grazie alle celeri diagnosi e interventi dei medici, tutti i casi si risolvono bene. Gli ufficiali e soldati a rischio sono vaccinati preventivamente.

Colpo in pieno

attraverso il sottotetto di un ricovero per feriti[18].

Senza pari è il comportamento dei feriti

Da settimane e mesi giacciono nelle case strapiene. Tutto intorno, il detonare delle granate. Schegge crivellano le pareti di legno. Colpi a segno penetrano i tetti. Nelle ultime casette conservate giacciono sul pavimento di assi, avvolti nelle coperte. Le sistemazioni sono difficili da mantenere pulite. Dalla fine di febbraio non è più possibile l'evacuazione dei feriti con i *Ju 52*. Le sistemazioni sono molto affollate. Stretti vicini, l'uno aiuta l'altro. Il personale sanitario è tutt'altro che sufficiente. I camerati in grado di camminare si prendono cura del cibo. I feriti donano il sangue per i loro camerati gravemente colpiti. Nel loro bisogno di aiuto diventano la fonte di forza per tutti i difensori.

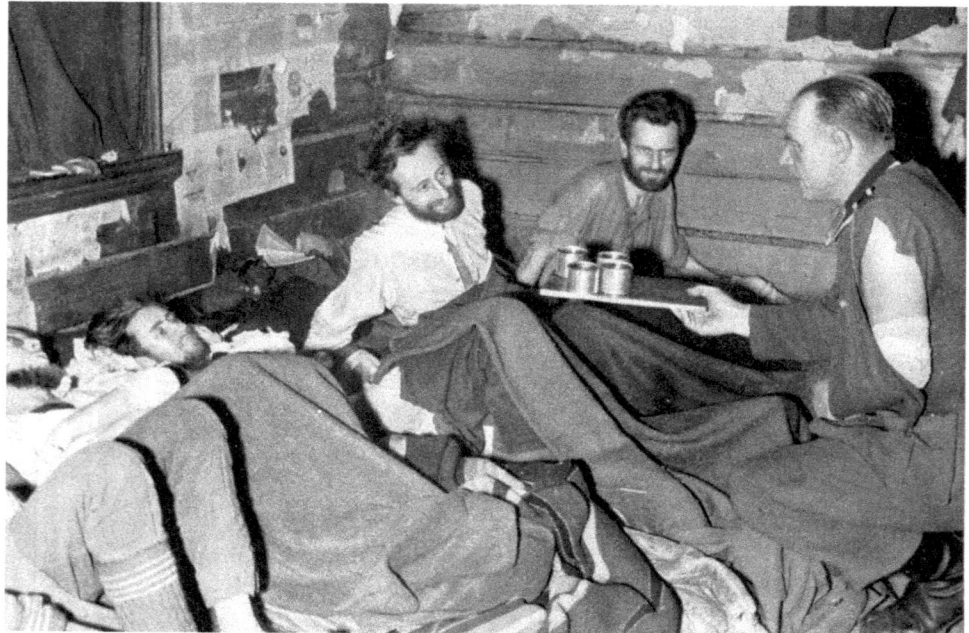

---

[18] In realtà si trattò del "fuoco amico" di un contenitore aviolanciabile lanciato troppo basso per far aprire il suo paracadute.

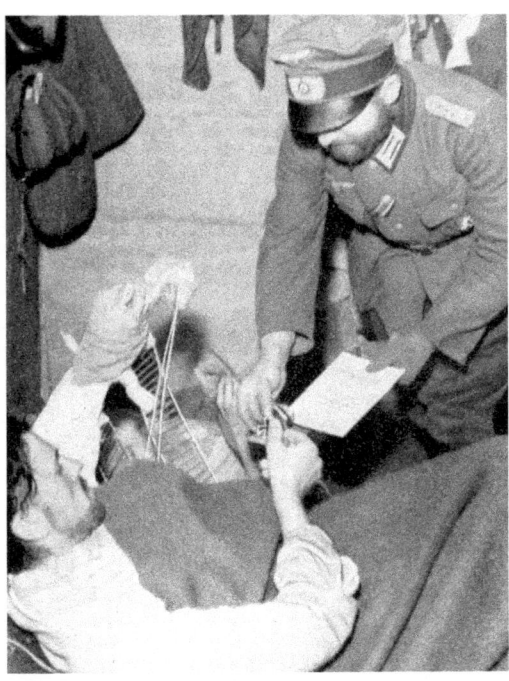

Ferito ottiene la EK

In occasione di una visita l'*Ass.-Arzt*. Dr. H. conferisce la EK ai combattenti.

Il bunker-sala comune

dei dottori sotto la sala operatoria. È anche allo stesso tempo una sala comune. Quando non ci si mangia, ci si ritira nelle cuccette. Lo spazio è così piccolo che il tavolo è fissato al soffitto con delle corde. Per quattro volte l'ospedale campale si è dovuto trasferire. Per quattro volte è bruciato sino alle fondamenta.

Notte dopo notte la stessa immagine:

I bolscevichi appiccano il fuoco alle ultime case in piedi del caposaldo con proiettili incendiari. Lì sono ricoverati i feriti. Solo a rischio della vita si riesce a metterli in salvo...

Due grandi chirurghi

Innumerevoli camerati gli devono la vita. Nei 105 giorni dell'accerchiamento, l'*Ass.-Arzt* Dr. Huck [ritratto nella pagina successiva] e l'*Unterarzt* Dr. Göpfert condussero più di mille operazioni e misero 10.000 bendaggi a ferite. E questo in condizioni primitive. E senza perdere mai la loro serenità interiore e calma ferrea, che trasmettevano ai pazienti.

La calda giornata primaverile

attira i feriti fuori dalle baracche. Il *Leutnant* Mangold, a capo del settore nord, nel corso di un ardito contrattacco fu colpito da diversi proiettili che gli fratturarono il braccio.

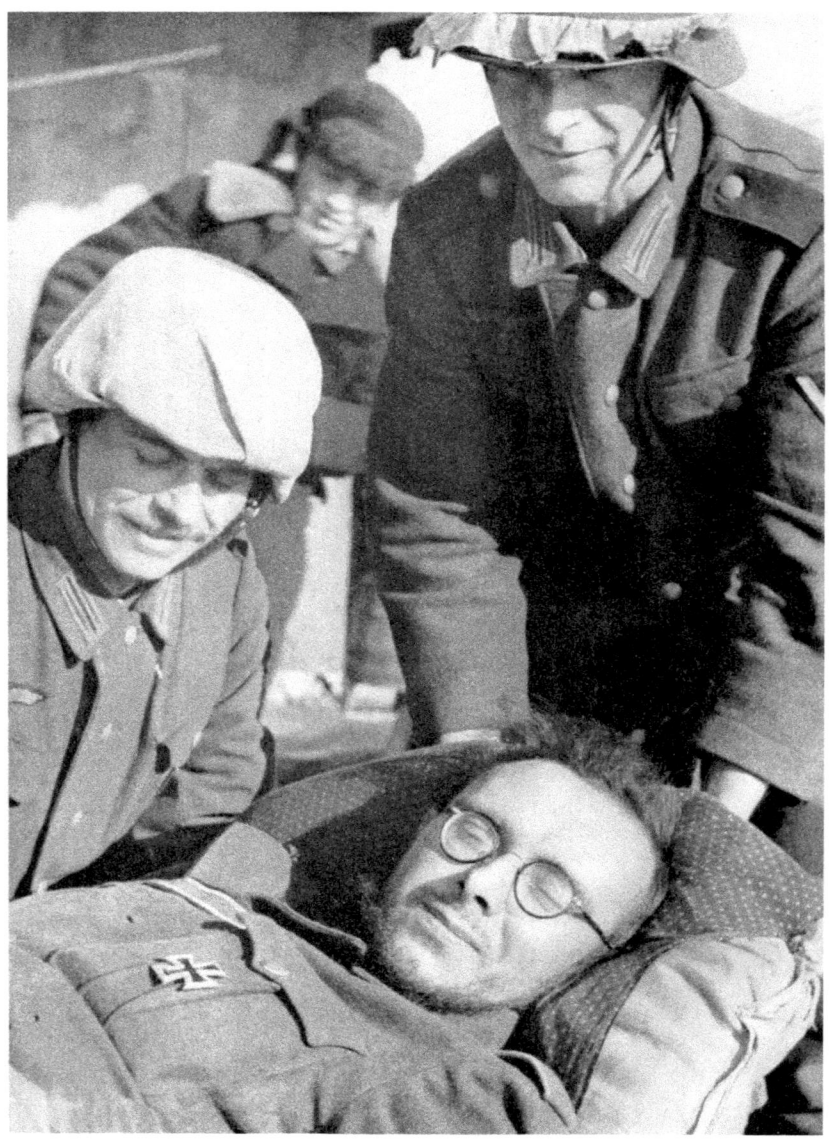

Il Panzerknacker

Il *Gefreiter* Gerhard Treske bloccò il primo attacco di corazzati nemico. Egli racconta:

"Il 23 gennaio ero in postazione alla periferia est di Cholm. Là, al crepuscolo, 11 carri armati nemici mossero verso le nostre posizioni. Non avevamo armi controcarro. Tirammo su due barricate con carretti Panje e slitte di legno, e vi interrammo delle mine in mezzo. All'ultima barricata vi era una mina con una potente carica esplosiva, che avrebbe dovuto essere innescata da una trincea lì vicino. Mi diedi volontario per farlo. Il primo carro armato si prese un colpo a segno da un *Panzerbüchse*, e stette fermo. Un carro da 34 tonnellate lo superò e sfondò la prima barricata. Mentre questo si dirigeva verso la seconda barricata, tirai il cavo d'innesco. Il suo cingolo destro si spezzò. L'equipaggio cercò di saltar giù dal mezzo. Scagliai la mia carica concentrica nella torretta. Un'enorme detonazione – il colosso è andato!"

Il radiotelegrafista!

Gli unici, che sono in contatto con il mondo. Circa 8.000 comunicazioni sono state inviate in questi 105 giorni. Il totale delle lettere battute raggiunge l'ordine dei due milioni. Durante i giorni delle grandi offensive nemiche, le comunicazioni radio si impennano. Comunicazioni con più di mille battute non sono una rarità. Di frequente la stazione telegrafica è battuta da pesante fuoco d'artiglieria. La sommità dell'antenna è spesso spezzata. Dopo il gusto della stazione radio da 100 Watt, per molti giorni lo scambio di comunicazioni è stato mantenuto con una radio spalleggiabile difettosa, da usarsi in teoria solo in caso di emergenza.

La posta è arrivata!

L'*Oberleutnant* Gerhard Kappes il secondo giorno di Pasqua ha dovuto fare un atterraggio di fortuna davanti alle posizioni tedesche con il suo bombardiere da rifornimento. I camerati del suo *Geschwader* gli hanno lanciato il suo sacco a pelo e il necessario per la sua vita di tutti i giorni. Ma un colpo in pieno nel suo rifugio gli ha fatto bruciare tutto. Ora non ha più nulla in tasca, come quasi tutti i combattenti di Cholm. Ma la sua gioia e quella di tutti i fortunati è grande: la posta è arrivata! Si vede l'effetto delle buone parole delle lettere. Dappertutto nelle trincee e bunker si vedono facce raggianti.

Attenzione – in vista del nemico!

Di strada in strada corre il portaordini nella sezione orientale distrutta, da posto di comando a posto di comando. Conosce a memoria la via. Innumerevoli volte di giorno e di notte e sotto il pesante fuoco nemico deve percorrere quel duro cammino.

Sfuggito!

La muratura delle rovine è sfondata, e fornisce un percorso meno esposto ai portaordini e ai cambi delle guarnigioni delle trincee.

"Meglio otto settimane a Narvik, che otto giorni a Cholm!"

dice il *Leutnant* Schumann, insignito dello scudetto "*Narvik*". Da tempo la durata dei combattimenti di Narvik è stata superata. L'ampiezza di 1 km della sacca di Cholm non permette l'impiego di paracadutisti. Le alte perdite dei feriti devono essere compensate dalle prestazioni di combattimento individuali

"Collegamento interrotto!"

Mentre il fuoco nemico continua, la linea telefonica deve essere riparata, spesso con i guardalinee che operano senza alcun riparo. Il loro esemplare impegno è necessario per la conduzione della battaglia. Durante un attacco nemico un solo tiro di sbarramento nemico spezzò dodici volte una linea telefonica lunga 300 metri. Lo stesso giorno in guardalinee ripararono 17 volte una linea lunga 2 km. Tutto nell'ininterrotto fuoco delle Batterie nemiche. Mancano cavi, centralini, telefoni da campo. Sotto la neve e il ghiaccio si è recuperato del vecchio cavo telefonico tagliato e spezzato e con esso si sono messi assieme molti chilometri di cavo da sezioni da 20-50 m.

"Carro armato distrutto – centrato alla seconda!"

riporta il *Leutnant* Dettmann, l'osservatore avanzato dell'artiglieria. Dirige il fuoco delle Batterie poste a 12 km di distanza. – Il Generale Scherer si affretta all'osservatorio nonostante il fuoco nemico, si congratula per il successo e gli appunta quale riconoscimento la E.K. I.

I sovietici hanno sfondato!

Di corsa verso le trincee avanzate. Dalla "*Polizeischlucht*[19]" nel nordest un fuoco dal fianco sferza le strade.

---

[19] "Gola della *Polizei*", NdC.

Nella tempesta di granate ad alto esplosivo

del *PAK* e nel fuoco delle *sMG* si infrangono ondate su ondate della fanteria sovietica. Montagne di bolscevichi morti si accumulano sul terreno antistante.

Munizioni avanti!

Nel "*Panzernest*"[20] sono identificate delle aree d'assembramento del nemico. Con calma serena i difensori della "GPU" portano avanti munizioni per mortai, *PAK* e *sMG*.

---

[20] "Nido di carri armati", area d'assembramento sovietica a circa 1,5-2 km a sudest della prima linea tedesca, NdC.

La vista dalla "GPU"

sulle rovine di Cholm è opprimente. Come presi, schiacciati e gettati da una mano gigante, giacciono ovunque veicoli e equipaggiamenti distrutti.

A passo di corsa

Una squadra mortai si affretta attraverso il terreno battuto dal fuoco nemico prospiciente alla "GPU".

Il deposito rifornimenti brucia!

L'ufficiale *Ib* e tutti gli uomini disponibili cercano di mettere in salvo i rifornimenti dal furioso incendio che li minaccia. I più importanti, i generi alimentari sono messi in salvo. Tuti gli altri bruciano.

PAK in avanti!

Due degli ultimi pezzi *PAK* vengono fatti scendere dai ripidi argini del Lovat e inviati al settore sud. La traversata verso la parte sud si compie su di una fragile imbarcazione. Il fuoco a lungo raggio delle *MG* e dei carri armati nemici arriva a spazzare le acque. Con un "oh issa!", i pezzi sono portati su per l'altra scarpata.

Ben mimetizzato!

Invisibile, il pezzo *PAK* attende i carri armati in avvicinamento. Dopo aver distrutto i primi carri armati, una Batteria pesante nemica spazza via il pezzo. Altri carri armati avanzano…

Un 45-tonnellate spacciato!

Il *Feldwebel* U. e l'*Oberschütze* Niels St. saltarono sul carro armato avanzante dopo aver sfondato la HKL, e spinsero delle *Eierhandgranaten*[21] nelle prese d'aria. Il *Feldwebel* U. fu lì ferito gravemente al braccio. Il portello della torretta si aprì dall'interno. Due cariche concentriche buttate dentro – e una potente fiammata ne decretò la fine. Ora l'*Oberschütze* Niels St. ha messo in posizione lì dietro la sua MG.

---

[21] Bomba a mano offensive *Eihgr. 39*, cosiddette "a uovo".

Visione d'ogni giorno:

case distrutte, baracche bruciate, alberi spezzati, crateri di bombe pieni d'acqua. Cavalli girovagano affamati mangiando corteccia d'albero, radici e legno.

Gli Stuka attaccano!

Bandiere da segnalazione aerea sono stese nella "GPU", segnalando agli *Stuka* le proprie posizioni avanzate. Le bandiere sono stracciate dal fuoco dei mortai nemici.

I primi Stuka picchiano!

Gli sono stati indicati via radio come bersaglio gli obiettivi "Kino", "Schmiede" e "Lausepelz".

Gli uomini nelle trincee

seguono con felicità e eccitazione il volo degli *Stuka*. Le Batterie sovietiche hanno cessato il fuoco. Le posizioni nemiche giacciono abbandonate. I bolscevichi non esitano a stendere i loro caduti in righe di fucilieri davanti alle proprie trincee come per simulare un attacco di fanteria, attraendo quindi i bombardieri tedeschi via dalle loro posizioni.

Colpo in pieno su "Kino"!

Lampi, nuvole di terra, uomini e bestie, assi e pietre turbinano nell'aria. L'area d'assembramento del nemico viene fatta a pezzi.

L'ufficiale alle trincee

osserva l'efficacia del fuoco. Lungo l'orizzonte si stende ora l'alta colonna rossastra di fumo e terra.

Di giorno in giorno....

Il fuoco dell'artiglieria dei sovietici si rafforza. I bunker ricavati nelle rovine delle case distrutte non danno più alcuna protezione. Si scavano così in profondità nei ripidi banchi dei passaggi e delle "*Heldenkeller*"[22], che danno protezione contro il fuoco di disturbo delle Batterie nemiche.

---

[22] Letteralmente, "Cantine degli eroi", gergo da trincea per i ricoveri sotterranei, NdC.

Vecchio e giovane,

veterani della prima guerra mondiale e uomini che hanno combattuto in Polonia stanno spalla a spalla a Cholm. Con ogni giorno, il loro sguardo si fa simile. La durezza dei combattimenti difensivi li modella a sè.

Il nostro Generale!

Il Generale Scherer usa ogni minuto libero tra le notti estenuanti e i giorni di battaglia per rilassarsi con del lavoro manuale. Qui lo troviamo scavare un rifugio antischegge.

L'arma segreta dei difensori di Cholm: l'humor!

Il Generale ha appena ricevuto la notizia dell'inizio delle trasmissioni di "Radio Sacca" e ne legge il programma:

Ore 6: Grande sveglia con "Ivan il Grosso" sulle onde da 17,2 cm. Ore 6-7: Musica leggera con concerto di *PAK* e *Flak*. Ore 7-8: Mattinata con Ivan all'organo di Stalin. Dalle 11 alle 12: Trasmissione Il mondo degli uccelli. Nell'intermezzo, musica per ottoni con *Stuka* e *Ju*. Ore 16: Sinfonia di timpani "Ivan il terribile" Ore 17: Musica per il te delle 5. I solisti Maxim e Automatici suonano le Variazioni di Cholm. Ore 19: resoconto dal fronte con effetti sonori autentici. Ore 19.15: Presa diretta dalle quote di Cholm e illuminazione della città. Ore 20: Mille note vivaci – per all'incirca tutti. Ore 22: Rubrica "Cercasi": Camerata, dove sei? Ore 24: La popolare trasmissione: "La notte non è fatta solo per dormire". Nell'intermezzo diretta degli sfolgoranti fuochi d'artificio sulle rive del Lovat.

Il coraggio viene ricompensato!

Il capo della *Bombenbergungskolonne*, l'*Unteroffizier* L., viene promosso a *Feldwebel*. Nervosamente, il Generale cerca le stellette per il felice *Feldwebel*. "Sacramento! – non le trovo!"

Una gioia speciale

è per il Generale porgere la EK a un vecchio combattente della prima guerra mondiale decorato per il valore di fronte al nemico.

Il creatore dello scudetto di Cholm

Con grande simpatia il Generalmajor Scherer approvò durante l'accerchiamento il lavoro grafico del *Rott-wachtmeister* Schlimmer del *Reserve-Polizei-Bataillon*. In stretta collaborazione con il Generale e tenendo conto delle sue indicazioni chiave, creò quindi il bozzetto dell'attuale scudetto di Cholm – il distintivo d'onore di tutti i combattenti di Cholm. Nel corso della conferenza al *Führerhauptquartier*, il Führer appose la sua approvazione al bozzetto e disse: "Non cambierei nulla!". Il Generale Scherer rispose prontamente: "Approvato – mio Führer!". Così lo scudetto di Cholm è il simbolo visibile di una dura, sperimentata *Frontkameradschaft* ed espressione di una intima solidarietà tra il Generale Scherer e i suoi combattenti.

Così è il nostro Generale!

Aperto, di cuor contento, pieno di trascinante slancio vitale. Come uomo, soldato e capo – una felice incarnazione delle virtù dell'Ufficiale tedesco. Nella sua personalità risiede il segreto nel brillante comportamento sul campo dei difensori di Cholm – egli è l'anima della resistenza.

"Il nostro miglior camerata"

"Il nostro Generale è il nostro miglior camerata!". Così dicono di lui gli uomini del *Kampfgruppe*. Due fanti sono stati appena feriti. Da soli non avrebbero potuto issarsi su per la scarpata ghiacciata del Lovat. Subito si precipita il Generale, si mette al collo il fucile di uno e li conduce a braccetto alla slitta più vicina.

Il Führer parla!

Come un baleno queste parole corrono di bocca in bocca sino alle trincee avanzate. Con grande tensione i soldati pendono dai pochi apparati di comunicazione. Il Führer dice parole di riconoscimento per le prestazioni sovrumane, rese ancora maggiori dalle difficoltà di rifornimento in inverno, dei duri, eroici combattimenti difensivi della nostra fanteria. È un'esperienza a sé stante ascoltare la voce certa del Führer attraverso l'etere, accerchiati dal nemico.

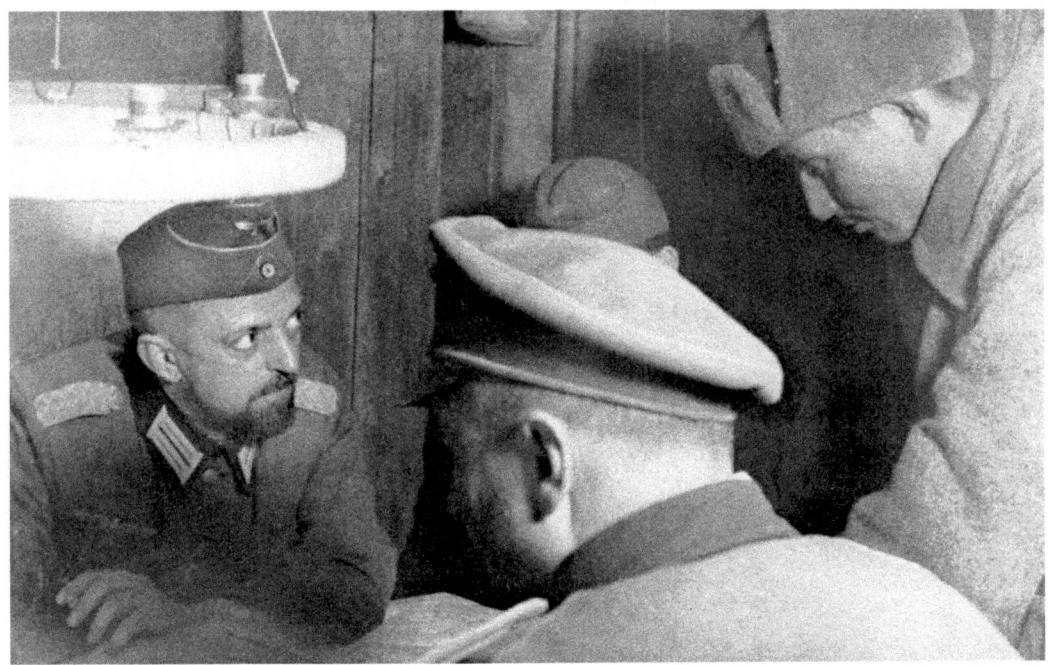

Un disertore dice:

"Cholm deve cadere, costi quello che costi!" così recita l'ordine dei Commissari per la pianificata grande offensiva il 1° maggio.
La seguente trasmissione radio arriva oggi: "Per il centesimo giorno della vostra eroica lotta, lei e le sue truppe coraggiose riceverete un pieno riconoscimento. Aspettate, presto saremo presso di voi. Generale comandante." I difensori di Cholm sanno quindi che le truppe tedesche da occidente stanno attaccando, e che spezzeranno l'accerchiamento.

Il 1° maggio l'Inferno si scatena!

Alle 3.40 del mattino si abbatte sui difensori il primo fuoco di sbarramento di 40 Batterie nemiche. Un uragano di fuoco spazza i resti delle rovine. Sciami di schegge spazzano l'aria. Il ruggito dei lanciarazzi multipli si fonde con il profondo mugghiare delle granate da 172. Più di cento pezzi battono con il loro fuoco distruttivo un caposaldo ampio appena un chilometro quadro. Gli ultimi uomini abili al combattimento giacciono dietro rovine di case e mucchi di detriti. L'uragano di ferro batte senza posa sulle posizioni. Una densa nube di fumo e polvere aleggia sulla terra arata. Munizioni incendiarie fanno andare in fiamme i paracadute delle *V-Bombe*. Dopo questa preparazione d'artiglieria di molte ore i carri armati nemici attaccano.

Brucia! Brucia!

Da dietro lo scudo protettivo del pezzo emergono per un'occhiata le facce eccitate dei serventi. A poche centinaia di metri sta un carro armato sovietico in fiamme. È il quinto distrutto da questo pezzo nella grande offensiva del 1° maggio.

La E.K. I!

Per la sua eccellente prestazione, avendo distrutto cinque carri armati in 30 minuti, il *Generalmajor* Scherer conferisce ad entrambi gli *Unteroffizier* la Croce di Ferro di 1ª Classe.

Il risultato:

Tre carri armati ridotti in fiamme e distrutti dai colpi del coraggioso equipaggio di *PAK*.

Nel fuoco delle MG

resta la fanteria sovietica avanzante con i carri armati. Il fumo dei corazzati in fiamme si fa denso e scuro.

Sotto il fuoco nemico...

la sezione *MG* avanza, per sigillare la penetrazione della fanteria sovietica.

Trincee – e ancora trincee!

Il nemico rafforza il suo attacco. Le Batterie nemiche martellano da ore le posizioni. I fanti approfittano di ogni pausa nel fuoco per trincerarsi. "Più scavi, più vivi!", è la parola d'ordine degli uomini nel settore est.

"GPU" dopo 101 giorni di battaglia!

Più di 3.000 colpi ha sparato contro il caposaldo l'artiglieria sovietica il 1° maggio. Diciassette colpi in pieno centrano la *GPU*. Qui trova la morte dell'eroe l'impavido comandante del settore, il decorato con la Croce di Cavaliere *Hauptmann* Biecker. La sua ultima dimora sta sul pendio del Lovat.

Fermato a una distanza di 10 m!

Questa è stato il coraggioso atto del *Feldwebel* W. contro un carro armato nemico che sfondava la *HKL*. Proprio accanto alla feritoia di visione c'è il segno del colpo che ha ferito il pilota. Il corazzato è scivolato quindi nella trincea, rimanendovi immobilizzato.

La potenza di combattimento cresce!

Unendo le forze la mattina dopo il carro armato è trainato fuori dalla trincea. Qualche ora dopo riporta il capo del settore: il carro armato nemico, pronto al combattimento con un nostro equipaggio, svolge funzioni di sicurezza e protezione presso l'aeroporto.

Carri armati attaccano!

Nelle ore del mattino del 2 maggio carri armati cercano di forzare uno sfondamento nelle posizioni preso la *Rollbahn*. Il coraggioso equipaggio di *PAK*, che ieri aveva distrutto cinque carri armati, ne mette fuori combattimento anche qui tre,

L'attacco è sventato!

In un contrattacco le trincee sono ripulite dalla fanteria sovietica, le armi e le munizioni, che da parte sovietica scarseggiano, vengono raccolte assieme.

Pausa nel combattimento!

"Il caffè è arrivato!". Tutte le borracce vengono riempite. Questo è l'unico qualcosa di caldo sino alla sera. Prima, i portatori del rancio non erano riusciti a aprirsi la strada [sino alle linee]. Molti dei soldati sono feriti, due, tre e quattro volte. Tuttavia, essi sentono come un preciso dovere appoggiare i loro camerati non feriti nelle trincee trasportando cibo e munizioni, costruendo bunker, etc.

Si dorme come si può!

Giorno e notte, un combattimento continuo. Per l'ennesima volta, il comando sovietico getta nella mischia nuove truppe e nuovi carri armati per prendere Cholm. Nelle poche pause dei combattimenti, un piccolo buco nel terreno serve come rifugio. Grande venti vangate, la gavetta come cuscino, una coperta come tetto, in queste ore sono abbastanza.

"Avevo un camerata..."

Ancora una volta la mano dell'*Unteroffizier* accarezza la guancia del ferito grave. Quindi entrambi i camerati afferrano la barella e la portano sino al posto di medicazione campale attraverso il calderone della strega del fuoco nemico, oltre le ripide sponde e il fiume.

Il riposo dopo la tempesta

La responsabilità verso i suoi uomini fa che il comandante di squadra vegli sul riposo dei suoi uomini dopo che l'attacco nemico è stato sventato.

Un nuovo uragano di fuoco!

Grossi calibri picchiano con un crescente sibilo quali enormi predatori sui caposaldi. Turbini di zolle di terra e frammenti di legno tempestano gli elmetti d'acciaio. Gli uomini si rannicchiano nelle buche individuali pronti alla difesa.

L'anello è infranto!

Nella tempesta di fuoco delle Batterie sovietiche sfondano sulla *Rollbahn* presso Cholm il 5 maggio i primi *Sturmgeschütz*, accompagnati da *Grenadiere*. È l'avanguardia tedesca che rompe l'accerchiamento. Mimetizzati con strati su strati di rami, di primo acchito gli *Sturmgeschütz* sembrano un nuovo trucco bolscevico. Ma poi i difensori riconoscono la sagoma dei giganti corazzati avanzanti, riconoscono gli elmetti d'acciaio dei camerati. Un grido si alza dalle trincee: la liberazione si sta avvicinando!

Cholm è libera!

L'ora della liberazione è arrivata! I difensori hanno atteso 105 giorni questa visione. Gli uomini della guarnigione delle trincee rimangono sbalorditi e silenziosi sul lato della strada, ancora gravati dall'incubo di essere rinchiusi. Solo le chiamate dei camerati che arrivano possono farli rilassare gradualmente. Anche i liberatori hanno fatto grandi sacrifici nelle lotte di questi mesi. I loro sforzi non sono stati meno duri, né minore il loro tributo di sangue. Liberatori e difensori sono per sempre strettamente legati questo vincolo.

Il vincitore di Cholm!

Il *Generalmajor* Scherer fa rapporto al Generale comandante, il Generale von Arnim: "Ordine del Führer eseguito! Cholm tenuta!". Qui il Generale Scherer mostra al Generale von Arnim il punto dello sfondamento dei sovietici il 1° maggio, che si trova a poche centinaia di metri dal posto di comando del *Kampfgruppe*. Il Führer e comandante supremo rende onore al coraggio della guarnigione e all'importanza cruciale della loro resistenza a costo della vita conferendo le Fronde di quercia alla Croce di Cavaliere al comandante del *Kampfgruppe*, il Generalmajor Scherer, e istituendo il "*Cholmschild*" per tutti i difensori del caposaldo.

"Così gli uomini hanno resistito!"

riferisce il *Generale* Scherer al *Generaloberst* Busch, capo di una Armata. Un pezzo di storia delle battaglie dei *Grenadiere* tedeschi ad est trova qui la sua conclusione. Che le gesta degli uomini di Cholm siano sempre di esempio e di sprone.

Il ringraziamento del Führer!

Come sono state scattate queste fotografie

Le foto sono documenti incorruttibili di attualità. Il documento immagine ci parla immediatamente e più fortemente della parola stampata. Qui, la foto del tempo diventa il mediatore di un rapporto fattuale tra il fronte e la *Heimat* – mediatore di un evento storico. Ciò che la fotocamera possiede ha un potere convincente per tutti i tempi.

Non è stato facile scegliere le foto disponibili tra 2.500 foto. Dovrebbero fornire una panoramica dell'enorme lotta contro il nemico e le forze della natura. E ogni scatto ha la sua causa, la sua esperienza. Le foto sono state spesso scattate nelle condizioni più difficili. A 35-43 gradi sotto lo zero, non solo l'otturatore della fotocamera scorreva più lentamente, ma la pellicola si frantumava come un vetro quando l'otturatore veniva tirato. Se fossi fortunosamente fuggito alla grandine dei mortai o del fuoco delle MG e atterrato in un bunker riscaldato, la fotocamera avrebbe sviluppato così tanta condensa che l'obiettivo e il mirino sarebbero rimasti sott'acqua per ore. Anche solo premendoli leggermente, il pulsante di scatto e le superfici delle lenti si congelavano. L'unica salvezza qui era il mio manicotto scaldamani. Era una custodia sempre pronta, una calda custodia protettiva, una borsa per il cambio e una camera oscura allo stesso tempo. Di notte era un cuscino o una borsa riscaldante per i piedi. Durante uno sbarramento d'artiglieria nemico, un colpo in pieno con munizioni incendiarie incendiò il mio ricovero. Gli altri obiettivi, pellicole, accessori fotografici e tutta la mia attrezzatura furono distrutti. Sono stato solo in grado di salvare la Leica che portavo sempre con me. Per fortuna, alcuni giorni prima avevo portato in salvo i film esposti. La cripta di una chiesa distrutta era il nascondiglio.

Il rifornimento di materiale fotografico è stato effettuato aviolanciandolo, e in parte andava perso o danneggiato. Ogni giorno portava nuove difficoltà.

La connessione con il mondo esterno era solo attraverso le comunicazioni radio. L'unico apparato era sfruttato al limite del possibile giorno e notte. Quindi la Patria poté apprendere i dettagli dell'aspra lotta solo dopo la liberazione.

Il presente lavoro non è una cronologia dei combattimenti per Cholm. Questo sarà compiuto in seguito. Il libro mira ad approfondire la comprensione della Patria per la battaglia del destino a Est.

Richard Muck

A sinistra nella fotografia, Richard Muck con il caldo manicotto citato nel testo sopra (illustrazione non presente nel testo originale).

Ordine di Battaglia

del Kampfgruppe Scherer a Cholm, 1942

Il presente ordine di battaglia include tutte le forze presenti nella sacca di Cholm durante l'intero periodo dell'assedio, da quelle già presenti all'inizio dell'accerchiamento a quelle aviotrasportate con alianti o aerei da trasporto; queste sono indicate con (a) nell'elenco. Il lettore consideri come quasi tutti i reparti presenti inizialmente nella sacca avevano un organico da metà a un quarto o meno di quello teorico, date le perdite subite durante le operazioni offensive e difensive precedenti e le circostanze dell'accerchiamento.

Unità Comando

Stab 281. Sicherungs-Division
Stab 218. Infanterie-Division
Stab 8. Panzer-Division
(pochi uomini) (a)

Unità di Fanteria

Stab Infanterie-Regiment 386
Stabskompanie IR 386 con Pionier-Zug

13. (Infanterie-Geschütz)/IR 386
14. (Panzerjäger)/IR 386

Stab I./IR 386
1., 2., 3., 4./IR 386

Stab II./IR 386
5., 7., 8., 9., 11./IR 386

2./Infanterie-Regiment 409 (122. Infanterie-Division) (a)

10./Infanterie-Regiment 411 (122. Infanterie-Division) (a)

Infanterie-Regiment 416 (123. Infanterie-Division)

Infanterie-Regiment 418 (123. Infanterie-Division)
(pochi uomini)

1./ Infanterie-Regiment 551 (329. Infanterie-Division) (a)

2./ Infanterie-Regiment 551 (329. Infanterie-Division) (a)

Infanterie-Regiment 606
(solo due uomini)

1./Aufklärungs-Abteilung 218 (218. Infanterie-Division)

2./Maschinengewehr-Bataillon 10
(pochi uomini)

3./Maschinengewehr-Bataillon 10

Pionier-Lehr-Bataillon 1
(pochi uomini) (a)

3./Panzerpionier-Bataillon 59 (8. Panzer-Division)
(cinque *Pioniere* con un *32cm schwere Wurfgerät*) (a)

Pionier-Bataillon 123
(pochi uomini)

1., 3./Pionier-Bataillon 218 (218. Infanterie-Division)

Stab Pionier-Bataillon 656

1., 3., Pionier-Bataillon 656

3./Strassenbau-Bataillon 562
(pochi uomini)

2., 3./Strassenbau-Bataillon 680

UNITÀ DI ARTIGLIERIA

IV./Artillerie-Regiment 123 (123. Infanterie-Division)
(elementi dello *Stab* e Batterie)

Artillerie-Regiment 218
(sezione osservatori avanzati del *Leutnant* Joachim Dettmann) (a)

I./schwere Artillerie-Abteilung 536
(osservatore avanzato *Oberleutnant* Joachim Feist) (a)

1./Artillerie-Regiment 818
(pochi uomini)

UNITÀ PANZERJÄGER

3./Panzerjäger-Abteilung 30 (30. Infanterie-Division)
(alcuni serventi *PAK*) (a)

Panzerjäger-Abteilung 43 (8. Panzer-Division)
(elementi) (a)

Panzerjäger-Abteilung 123
(pochi uomini)

Panzerjäger-Kompanie 207
(pochi uomini)

Unità della Polizei, Sicurezza e SS

Jagdkommando 8

Jagdkommando 9
(pochi uomini)

3./Reserve-Polizei-Bataillon 53

Reserve-Polizei-Bataillon 65

Reiterschwadron 561
Wachbataillon 707

Ortskommandantur Cholm I./865 (Korück 584)
(pochi uomini)

I./Landesschützen-Bataillon 869

Landesschützen-Bataillon 960
(elementi)

III. Zug 1./Bataillon der Waffen-SS z.b.V.

Kommando Sichereitspolizei – SD
(pochi uomini)

Unità trasmissioni, logistiche e rifornimenti

Reparti, sezioni e elementi di circa 20 diverse unità, comprese tre Compagnie di trasporto motorizzato della *Kriegsmarine*: *Marine-Kraftfahr-Kompanie Libau, Reval* e *Riga*

Reparti di terra della Luftwaffe

leichte Feldwerft-Abteilung I/10
(pochi uomini)

leichte Feldwerft-Abteilung I/60
(pochi uomini)

Flughafen-Bereichskommando 4/I Riga
(ufficiale di collegamento *Hauptmann* August Engstfeld) (a)

Flughafen-Bereichskommando 8/VI Pleskau
(controllore di volo *Oberleutnant* Hans-Joachim Jagow) (a)

Reparti di volo della Luftwaffe

Atterrarono e rimasero per un certo periodo nella sacca diversi piloti degli alianti da trasporto atterrati e alcuni equipaggi di aerei *Ju 52* e *He 111* atterrati, costretti ad atterraggi di fortuna o a lanciarsi con il paracadute.

INDICE

5
LA SACCA DI CHOLM – INVERNO 1941-1942
di James Lucas

39
LA LUFTWAFFE NELLA BATTAGLIA DI CHOLM
di Stijn David e Sebastián Bianchi

43
ALTI DECORATI DELLA BATTAGLIA DI CHOLM

48
NOTA EDITORIALE

49
KAMPFGRUPPE SCHERER – 105 TAGE EINGESCHLOSSEN
di Richard Muck

55
PREFAZIONE DEL GENERALMAJOR SCHERER

57
PREFAZIONE DELL'AUTORE

64
FOTOGRAFIE

196
COME SONO STATE SCATTATE QUESTE FOTOGRAFIE

197
ORDINE DI BATTAGLIA DEL KAMPFGRUPPE SCHERER A CHOLM, 1942